湯気を食べる

くどうれいん

目次

第一章　湯気を食べる

第二章　風を飲む

第三章　自炊は調律

湯気を食べる

中学生のとき、母はいつも「ごはーん」と二階にいるわたしと弟を呼んだ。はいはいやれやれと降りて行って着席すると、当然のように夕飯は出揃っていない。母が声を掛けるのはきまって「これから食卓が完成します」というタイミングなので、箸を並べたり、ご飯をよそう手伝いをする羽目になった。どうせまだできていない、と、食卓が整うのを見計らって遅めに降りることもしばしばあった。

その頃の自分をしっかりと叱りつけたい。出来立ての尊さを舐《な》めるなよ、と。いま、あともう少しで夕飯が食卓に揃うというタイミングで「ごはーん」と声を掛けたくなる気持ちが痛いほどわかる。ご飯は湯気が出ているうちにひとくち目を食べてほしいし、焼き立て、揚げ立て、炒め立て、盛り立ての、熱いものは熱いうちに、冷たいものは冷たいうちに食べてほしい。願わくは箸やお醤油を揃えたうえで、食卓に座って待っていてほしい。サラダ、焼き魚、お味噌汁、ご飯。ひとつずつに「おいしそ」などと言って感動してほしい。そこに湯気ごと料理を登場させたい。そう、出来立ての料理がいちばんえらいのだ。だから、学生時代のわたしは失礼のないよう、遅刻せず、座って待っているべきだった。夫は猫舌なので、あまり出来立てにこだわらない。出来立てであるほど、少し時間を置かないと食べられないのだ。一方わたしは、多少口の中をやけどしようとも出来上がったら即食べたいし、食べてほしい。料理は盛られて置かれた瞬間が最も旬で最もおいしいと信じている。そういう人だとわかってもらえて、そろそろ夕食が出来上がりそうだな、というタイミングで夫は箸置きと箸を並べて待っていて、一品ごとに「わあい、おいしそ」と言ってくれる。あのとき、もっと母にそうするべきだった、と毎回反省してしまう。

会社員時代は、えらい人との会食がそれなりに多かった。わたしはどれだけえらい人が目の前に並んでいる会食でも、その、えらい人がありがたい話をしている最中でも、料理が出てきたらすかさず食べた。えらい人よりも、湯気を立てた料理のほうがえらいと思っていたからだ。だって、えらい人からは湯気が立っていない。そして目をまん丸くして「これ、おいしいですよ！　みなさん早く食べたほうがいいですって！」と、えらい人の話を遮って興奮しては、それを叱られたり、それによって気に入られたりした。（あくまでわたしの少ないサンプル数の中では、だけれど）本当にえらい人ほど、出来立ての料理をとても大切にするような気がする。

料理はぬるくなる。冷めたあとはずっと同じ味がする。出来立てから少し冷めて、すっかり冷めるまでのグラデーションを愉《たの》しむには、まず、いますぐ食べないと。冷たいものだってそうだ。ひんやり食べるために器まで冷やしてくださっていたりする、そのいちばんきんきんのところを食べずにどうするんだ。

料理を作ったり、作ってもらうということは、湯気ごと味わうことができるという素晴らしいことだ。湯気ごと味。わたしたちは出来立てのひとくちを味わうために生きているのだから、どうせまだ出来上がっていないだろうと思っても、「ごはーん」と呼ばれたら一目散に食卓に駆けつけなければいけない。

ディル？

わたしは『わたしを空腹にしないほうがいい』という、たいへんハングリーで強気なタイトルの本で事実上の作家デビューを果たした。そのため、ありがたいことにいまだにいろんな人が寄ってたかってわたしにおいしいものを教えてくれたり、食べさせてくれたりするので痩せる暇がない。

しかしわたしは、こんなにもおいしいものをいろいろ食べる機会があるはずなのに、いつまで経《た》ってもハーブやスパイスのことがよくわからない。とくにハーブがわからない。ひとくち食べて、その癖やさわやかさに（むむ、これはハーブだ！）と感じるところまではいいのだが、そこから先がわからない。ミントでもない、バジルでもない、パクチーでもない、と思えば「……ディル？」と当てずっぽうで言い続けて暮らしている。難しいハーブはわたしにとってはぜんぶディルなのだ。

ディルを最初に知ったのは、大学生のときに仙台か東京で食べたサンドイッチだった。その日はとても疲れていて、片手で食べられるものの中でも、げんきになりそうなものを探していた。スモークサーモンとクリームチーズのサンドイッチ、とあったのでそれを買って食べた。（高いな）と思ったけれど、それを押しやってでも自分の機嫌を取りたいような日だった。むっちりとした食パンと、しっとりと燻製の香りがするサーモンの味を、クリームチーズの濃厚さが包み込む。むはあ、うまい。これはおいしいぞ、と思っていたとき、鼻の奥に異国でかいだことのあるようなさわやかな香りが押し寄せてきて、一瞬で去った。びっくりした。なんだいまの。玉ねぎでもないし、紫蘇《しそ》でもバジルでもなかった。わたしはそっとサンドイッチを開いた。すると、そこに挟まっていたのはすっかり水草のような、緑色のふさふさとしてやわらかそうな草だった。なんだこれ。裏返して原材料を見ると「ディル」と書いてあった。ディル。これがディルなのか。

それからは一時期、ディルにはまった。ディル、と書いてあればおいしいものが出てくると信じて何でも頼んだ。ディルはよくカルパッチョに散らされている。それから、ヨーグルトとにんにくときゅうりと共にディップソースとして出てきたり、クッキーに混ぜ込まれていることもあった。少量のハーブが百二十円で売られているのを産直売り場で発見し、ディルを買って家でも使ってみた。今井真実さんのレシピで「桃ディル」を作った日には、自分がとんでもない料理上手になったんじゃないかと思うようなお洒《しゃ》落《れ》な味だった。

こんなにディルが好きなはずなのに、いま、ディルの味を思い出そうとしても難しいのはどうしてなんだろう。何かを食べて「……ディル？」と言い、ほんとうにディルだったときと、ディルではなかったときは半々くらいだ。ディルであれば「おお、やっぱりディルか、ディルはおいしいもんなあ」と言い、ディルでなければ「ディルと同じくらいおいしいなんてたいしたもんだなあ」と言いながら、帰る頃にはそのディルではないハーブのことをすっかり忘れている。覚える気がないわけではないのだが、お洒落なご飯になるとうっとりぽーっとしすぎてしまうのかもしれない。きょうもわたしはおいしいハーブに「……ディル？」と首を傾《かし》げる。

それはまかない

「ずぼら」という言葉に抵抗がある。それはわたしがとても几帳面だから、ということではなく、むしろわたし自身が大いにずぼらだからこその拒否反応なのかもしれない。近頃は「ズボラでもいい！」とそれを肯定するレシピや家事のコツもあるけれど、わたしはあまり自分のずぼらなところを肯定されたいとは思っていない。わたしはこんなに怠惰だけれど自分がずぼらであることをまだ受け入れていないのかもしれない。

中学生のとき、空腹のまま共働きの両親の帰宅を待つことに耐えかねて家族の夕食を自分で作り始めた。最初は白飯にたくさんのサラダ油と溶き卵で作った半熟のスクランブルエッグをのせて、そこにボンカレーをかけた「オムカレー」ばかりだった。それでも家族がありがたそうに食べてくれるのがうれしくて、レパートリーを増やせるようになりたいと思った。なにより、食べ盛りのわたしにとって、夕飯を自分が作れば、自分が食べたいものを食べることができる、というのは大きな発見だった。オムライス、炒飯、親子丼。最初は食欲に身を任せ、とにかく卵を使った料理ばかり作った。夕飯のために厨《くりや》に立つことが増えると、母はスクラップブックを貸してくれた。それは、母がひとり暮らしのときから積み重ねていた『オレンジページ』の切り抜きだった。おいしそうな写真、ときめくレシピ。年季の入ったスクラップブックには地層のように食べたい料理が積み重なっていて、わたしは鼻を膨らませた。母は『オレンジページ』別冊の料理の基礎の書かれた本も買ってくれた。「ひとつまみ」が親指、人差し指、中指でつまんだくらいということ、量って作る料理はおいしいということ、中学生のわたしは着々と『オレンジページ』に料理を教わった。卵ばかりの献立の次は、あんかけにはまり、あんかけ炒飯、八宝菜、揚げ出し豆腐、と、徐々にワンプレート以上の献立を作れるようになった。工程の多い料理を作れるようになればなるほどそれだけ洗い物も増えたが、わたしは洗い物が大の苦手だった。「片付けるところまでが料理!」と母はぷりぷり頬を膨らませながら洗ってくれたが、結婚してふたりで暮らすと、その言葉が毎日身に染みる。

いま、家でひとりで仕事をしているので、お昼は適当に冷蔵庫にあるもので済ませることが多い。冷凍ご飯をごま油で水菜と一緒に炒めて醤油をかけたやつ。冷凍うどんにポン酢をかけてチンしてレモン汁をかけたやつ。写真に撮ってＳＮＳに載せるほどではないようなご飯を毎日のように食べているが、それでもわたしはこれを「ずぼら」だとは言いたくない。「まかない」ってことでいいじゃないか、と思う。わたしが作るすべてのご飯は、わたしがわたしをやっていないと食べられないまかないなのだ。わたしはいつもわたしのために働いているのだから、わたしがわたしの食べたいものを作るとき、それはすべてまかないだ。そう思うと、大きなコック帽を被《かぶ》ったシェフのようでちょっとかっこいい。家族はチームなのだから、家族のために作るご飯も、まかないだ。疲れた自分のために夕飯を回転ずしにするのも、わたしのためのまかないだ。いつだってわたしが決めて食べるものは、わたしのためのまかないなのだ。

南国の王様

仕事で年に何度も東京へ行くようになり、東京駅の大丸をよく利用するようになった。くたくただが、なにか東京らしいものを買って帰りたいと思うこころをいつだって大丸の地下は癒してくれる。とにかく魅力的なお惣菜のコーナーが広い！　あのお店も、あのお店も聞いたことがある。食べてみたい。ああ、この日だけでもわたしの胃が四つになればいいのに！　と願わずにはいられない。盛岡にはないパン屋さん、全国各地の日本酒。おいしそうなものばかりが目に入る通路を歩いているだけで、疲労がふきとんで目が開く。この、一仕事終えて（何買って帰ろ）と思うときがいちばんたのしい。

その大丸の地下でわたしが最もパワースポットのように思っているのが、「フレッシュジュワン　大丸東京店」である。青果物を販売しているお店の壁沿いに、フレッシュジュースの飲めるスタンドが備えられている。ここのジュースを飲むのが、わたしの東京出張における何よりの疲労回復なのだ。メニューも非常に豊富で、フルーツ百パーセントのドリンク以外にも「バナナミルク」「いちごミルク」などミルクを混ぜたものも魅力的なのだが、わたしは大抵いちごジュースか桃ジュースを頼む。お金を払うとミキサーが氷を砕く音が聞こえて、すぐにドリンクが出てくる。少し細長いプラスチックカップにプラスチックのストローが刺さっていて、持つ手がすぐにひんやりと冷たくなる（環境への配慮のことは理解しつつも、わたしは紙ストローが大の苦手なので、プラスチックストローで出てくるだけでうんとうれしい）。そしてドリンクを持ったまますこし奥の方へ移動して、そこで飲み干してしまう。キャリーバッグを引きずりながらもう片方の手にジュースを持つのは大変だし、なによりも、このジューススタンドのフルーツの壁を眺めていたいのだ。わたしがフルーツジューススタンドの中でこの店舗をいっとう気に入っているのは、壁一面に生のフルーツがディスプレイされているからだ。透明な円柱の中に、オレンジ、パイナップル、キウイ、バナナ、グレープフルーツ、スイカ、と、これからジュースになるのを待つ果物たちがとても鮮やかに飾られている。カラフルな果物を見ているだけで、こころがビタミンを吸収しているように元気になる。わたしは買ったばかりのドリンクを、その果物の壁の前で持って写真を撮る。それから（きょうも東京でお仕事をがんばりました）と自分を労《ねぎら》い、ごくごくと大きなひとくちで飲む。果物をたくさん見ながら飲むと、ただ目の前のカップ一杯を飲んだとき以上に目に見えているすべての果物の力までいただいたように漲《みなぎ》ってくる。

こんなに一気に生の果物をたくさん見つめる機会というのは意外とない。壁一面に美しく配置された果物たちは、青果売り場に並べられたそれよりももっと自信満々で鮮やかに見える。大きな葉っぱのうちわであおいでもらっている、南国の王様になったような豪快な心地。甘みと酸味がぎゅっと詰まったフルーツジュースを飲んでいると、頭のうしろから首筋にかけて凝っている疲れが、じゅわあ、と溶けてきて気持ちがいい。そうしてくたくたのわたしは束の間南国の王様になり、瞳にカラフルな果物を溜《た》めて盛岡へ帰るのだ。

愛妻サンド

同居して二年、結婚して一年、いままで夫は自分で米を炊き、ハンバーグをのせて弁当を用意して会社へ持って行っていた。同居を始めたときに、「お弁当作ろうか」と言うわたしに、自分のことは自分で、妻が夫の弁当を作る必要はない。と言ったのは夫の方だった。自分はこのハンバーグ弁当が気に入っている、と言うし、準備も片付けも自分ですべてやってくれるので気が楽で、まあそんなもんかと思っていた。ところが先日、夫が食パンを一斤貰《もら》って帰ってきたので、何気なく「あしたお弁当にサンドイッチ作ろうか」と言うと、夫は尻尾を振る犬のように喜んだ。わたしは夫のためを想ったというよりも何度か見たことのある「具がみっちりと詰まったサンドイッチ」を作ってみたかっただけだったのだが、それは黙っておいた。

朝、いつもは夫よりも三十分遅く起きるのだけど、その日は一緒に起きた。夫が身支度をしている間にサンドイッチを作る。卵を茹《ゆ》で、ブロッコリーと海老《えび》を茹で、ジェノバソースとマヨネーズで和える。レタスを水切りする。マスタードを用意し、パンをこんがりトーストしたところに塗る。クッキングシートを大きく広げて、パン、レタス、ブロッコリー、海老、半分に切ったゆで卵を置き、ぎゅむ、と押さえつけるようにパンを重ねて、クッキングシートでぴっちりと包む。シートごと包丁で切る。見よう見まねでやってみたけれど、ちゃんと具だくさんのおいしそうなサンドイッチが出来上がった。夫が家を出るまでに間に合わせなければいけないから、何を先に茹でる、切る、と段取りを考えているだけで頭が冴え渡る心地がした。大判のハンカチで包んで「はい、お弁当」と言うと、「わあ、はじめての愛妻弁当だ！」と夫はうやうやしく受け取り、スキップするように玄関を出て行った。前にもお弁当は一度や二度は作ってあげたことがあると思っていたが、どうやら本当に初めてらしかった。あまりの喜びように、もっと早く作ってあげたらよかったかもしれないとすこし不憫に思った。

うすく食パンを切ってトーストし、残ったブロッコリーと海老とゆで卵を挟んで食べた。執筆中に眠くならないようにいつも朝食は取らずコーヒーだけにしているのだが、朝から包丁を握っていると朝食を食べたくなるものだ。海老にもっとしっかり火を通すべきだったか。味が単調かもしれない。などなど、反省しながら食べ終えたが、朝から一仕事したという達成感が気持ちよかった。

昼になると夫からサンドイッチの写真と〈うますぎ〉とメッセージが送られてきた。

隙間なく詰めたおかげで形崩れもしていないようで安心した。こんなに喜んでもらえるなら続けてみようかな、と思って、また食パンを一斤買った。夫にお弁当を作るのが普通になると、いつか「作らなかったとき」「作れなかったとき」にそれが意味を持つことになりそうでいやだ。お弁当を作ることができない日に情けなく思うのではなく、いつまでも、作ることができた日は自分をうんと褒めたい。そう思うと、毎日作ってくれていた母に頭が上がらない。お弁当を作ることは大仕事で、あたりまえのことではない。

アイスよわたしを追いかけて

わたしはエフエム岩手で「丸顔たちは、きょうも空腹」という、大好きな阿部沙織アナウンサーとふたりでお菓子を食べながら喋《しゃべ》るラジオ番組をしている。先日そこでアイスクリームの話題になって気がついたことがある。

「アイスの実とか、ピノとか、そういう、何口で食べ終わるかがはっきり決まってるアイスが苦手なんですよ」

自分が咄嗟《とっさ》にそう言って（そうだったのか）と気がついた。残り何個、と食べ終わるさみしさのことを考えながら食べるアイスのことがわたしは苦手なのだった。おいしいよりもさみしいが勝ってしまう。味は本当に大好きなのに、買う前からそのさみしさのことを思ってしまうからなかなか手に取ることができない。苦手な理由にはもうひとつ、誰かに「ひとくちちょうだい」と言われたときのダメージが大きい、というのもある。（残りみっつ）と思っているときに誰かにそのひとつを分けるなんてできる気がしない。わたしの根深いこころの狭さがばれてしまいそうなので、自分で買うときはそういうアイスクリームを選んだことがない。パピコだけは例外で、あれはわたしのものと決まったひとつが与えられていて、何口で食べきるかはこちらの裁量に任せられているので大丈夫。

あるとき、ソフトクリームの食べ方を奇妙がられたことがある。わたしのソフトクリームの食べ方はこうだ。最初のふたくちは、上から齧《かじ》りつくようにぱくんぱくんと食べる。そのあと、スプーンで外側の溶けたところから削《そ》ぐようにして食べる。ケバブの肉をナイフで削ぐように、くるくる回しながら溶けたところを削いで食べ進める。そうするとソフトクリームの渦巻きの段差は次第になくなり、六角形の柱になる。少なくなってきたらスプーンでコーンにできるだけ押し込んで、アイスのしっかり詰まったコーンを作って、それを食べる。きれいな六角形の柱になったソフトクリームを見て、友人に「こわい」と笑われてはじめて、それがあまりメジャーな食べ方ではないと知った。わたしは自分が思っている以上に、アイスクリームが溶けてしまうのがいやなのだ。

好きなアイスクリームのことを考えてみる。ソフトクリーム、カップのバニラアイス、サクレ、ガリガリ君。どれも、ひとりひとつ与えられていて、いつも溶けることと格闘しながら、追いかけられるようにして食べているような気がする。食べ頃を逃したくない、溶けてしまったらもったいない。舌に溶かしながら、手元ではもう次のひと匙《さじ》を作って待っている。そんなふうに慌てて食べている間は（はやく食べきらなくては）と思うから、食べきってしまった後も（ふう、溶ける前に上手に食べきることができたぞ）と思えてよい。もしかするとわたしは、アイスクリームには追いかけられたいと思っているのかもしれない。何口で食べきるかあらかじめ定められているアイスは、最後のタイミングをわたしが自分で決めなければいけないようで、責任を感じて緊張してしまう。どうしようとけるとけるとける！　と、わあわあ言いながら慌てて食べきってしまうほうが性に合っている。アイスクリームを食べるとき、わたしは追いかけられたいのだ。

福岡のうどん

仕事で福岡へ行くと決まったとき、まず頭の中を埋め尽くしたのはたくさんのご飯だった。屋台のラーメン、明太子、もつ鍋、もつ焼き、水炊き、ごま鯖《さば》……パズルを組み立てるようにどこで何を食べようかぐるぐる考えたが、慌ただしい日常の中でお店やおすすめを調べる余裕が全くないまま旅行日は迫ってきた。慌てたわたしはSNSで「福岡で何を食べるべきか教えてください」と投稿した。これは、わたしの信条には反している。お店は自分で調べ、地元の詳しい人から聞いてまとめるべきもので、不特定多数の人に一気に聞く、というのはずるいではないか。

しかし、集まった情報を見て驚いた。多くを占めるおすすめが「うどん」だったのだ。福岡はうどんもおいしいとは聞いたことがあったけれど、ここまでおすすめがうどんで埋め尽くされるほど福岡の人たちがうどんを愛していることは知らなかった。初日のトークショーのあとのサイン会で読者の方に是非食べてほしいとおすすめされたのも、ほとんどがうどんだった。どうやら地元のうどんチェーンがいくつもあり、各々に好みのうどん屋さんがあるらしかった。これは福岡のうどんを知るチャンスだと思った。

結果的に、久留米と博多で過ごすうち、四食をうどんに費やした。まずは「資《すけ》さんうどん」。ごぼ天とお肉ののったうどんは思った以上にボリュームがあってテンションが上がった。やわらかくももっちりとしたうどんに濃い目の出汁《だし》が非常によく合って、舌から食道から胃までを滑り落ちるうどんと出汁を、わたしのからだが全身で歓迎しているような感じがした。ぼた餅も必食であると言われていたので担当編集と分け合って食べた。お腹いっぱいで書店回り中にぐんと眠くなったけれど、それでも全く後悔のないうどんだった。

仕事を終えて夫と福岡観光をした二日間のうち二度は「ウエスト」へ行った。資さんうどんよりもさらにチェーン店の食堂然としていて、どのうどんも非常に安かった。豚肉と玉ねぎののったうどんを食べた。出汁がやはりとてもおいしい。こんなに気さくによい出汁とやさしいうどんが食べられるなら、何度だって来たいと思った。福岡の担当編集がぼくの残業後のご褒美はウエストのもつ鍋を食べることなんです、と言っていたので、夜にウエストを再訪してもつ鍋も食べた。きっともっと高級なもつ鍋屋さんもたくさんあるのだろうけれど、日常のご褒美としてこれほど染み渡るものはない。サイゼリヤへのありがたみと近いものを感じた。

福岡を離れる最終日、すっかり福岡のうどんにはまった夫が連れて行ってくれたのは「めん処 三喜」だった。博多の台所と呼ばれる「柳橋連合市場」の奥にひっそりとある製麺所のうどん屋さんだった。夫はわかめうどんを、わたしは肉うどんを食べた（せっかくなら最後まで肉うどんを食べ比べてみたかったのだ）。麺を啜《すす》って目を大きく開いた。福岡のうどんってのは、これです！　と言われているようなやわやわなのにつやつやのうどんだった。麺がとにかくおいしかった。

わたしは福岡のうどんにすっかりめろめろになってしまった。また福岡に行って、さまざまなうどんを食べ比べたい。

鍋つゆ・ポテトチップス

福岡にいる間、うどんをたくさん食べたことで、できることなら食べたかった「めんたいこ」と「ごま鯖」と「水炊き」を食べることは叶《かな》わなかった。つくづく、福岡へ行くには胃がいくつあっても足りない。しかし、今回の出張でわたしは福岡におけるお土産の正解にたどり着いた。

それが、鍋つゆ・ポテトチップスである。荷物があまりにも大きくなってしまうので、出張先では百二十サイズの段ボールを購入し、既に着終えた衣類やこの後は使わない仕事の書類と共に、常温保存のお土産を詰め込んで宿泊先から送ることが多い。そこに、スーパーで購入した鍋つゆとポテトチップスを入れると、完璧な梱包になると発見した。

鍋つゆはお土産として意外ととてもよい。日持ちがするし、常温で持ち歩けるし、瓶や箱と違って、平たくもなるし自立もするのでどんな荷物の隙間にもするりと入る。貰《もら》ったら献立の役に立つし、あげる相手が特にいなくても、自分の家で楽しむことができる。手荷物として持ち歩くのは重くて大変だけれど、送ってしまえば問題ない。福岡ではスーパーに立ち寄り、久原《くばら》醤油の「くばら『博多もつ鍋つゆ（味噌・醤油）』」と、博多華《はな》味鳥《みどり》の「水たきスープ」を購入した。どちらもわたしの暮らす盛岡のスーパーでは見かけたことがない。福岡ではどこへ行ってももつ鍋つゆと水炊きスープが売られていて、さすが福岡だと思った。それから、九州の人がこぞっておすすめしていた「九州しょうゆ」味のポテトチップスも三袋買った。段ボールの底の方の荷物の隙間に鍋つゆを、段ボールの上の方に、緩衝材代わりにポテトチップスをぎう、と押し込んで段ボールに蓋をして送った。

帰宅した翌日に届いた荷物を開き、我ながら感動してしまった。ポテトチップスがぴっちりと詰められた段ボールは、自分で買ったのにプレゼントを貰ったようにうれしかった。

ポテトチップス九州しょうゆは、一枚食べると目がかっと開くような強いうまみに圧倒された。(もっと買えばよかった!)と、ひとくち目でもうそう思った。他で食べたことがないおいしさだった。わたしはコンソメパンチが好きなのだけれど、もし今後九州しょうゆがスーパーにあれば迷わずそちらを買うだろうと思った。誰かにあげるのが惜しくなってしまい、家用にした。

もつ鍋つゆはそれからもうしばらく経って、スーパーによいモツが売っていたタイミングで夜ご飯にした。ぐん、と染み渡るようなスープに夫と二人で仰け反り、「我が家、福岡かもしれない……」と感動しながら奪い合うようにして食べた。どうしよう、こんなにおいしくてと褒め称えながらシメの中華麺までしっかりと味わい尽くし、これも誰かにあげるのが惜しくなってしまい、鍋つゆはすべて家用にすることにした。

それまで、旅先で買うお土産は日持ちのしないものが多かった。華やかな菓子皿も二週間もすればすっかり日常の生活に戻ってしまっていたが、いまは違う。わたしの台所の戸棚には賞味期限が来年の鍋つゆがふたつある。福岡が恋しくなったら、いつでもふたつ鍋と水炊きを味わうことができる。なんてうれしいことだろう。戸棚を開けるたびに、自立したふたつの鍋スープが風神雷神のように聳《そび》え立っていて頼もしい。

棚に檸檬

小説を書かなければ。と起床してからずっと思っていたのに、ほかの仕事を片付けているうちにあっという間に午後になった。小説に向かい合いたくない、その逃避が妙な集中力になり、いまやらなくてもいい原稿がやけに捗《はかど》る。いよいよ前倒しでできるものも終えてしまって、観念して書かなければ、と思ったのに、気がついたら買い物袋を持って玄関を飛び出し、スーパーへ向かっていた。

今夜はスープカレーにして、明日は結婚記念日だからステーキ。明後日《あさって》はいただきもののパッタイのキットがあるからそれを作ろう。だから、買わなければいけないのは、鶏肉、牛肉、もやし、ニラ。あ、もしすいかが安ければ買おう。すいかのサラダも作ってみたかったんだ。わたしはスーパーまでの酷暑の道のりでそう考えた。仕事がうまくいかないときは、献立のことを考えていれば落ち込まない。落ち込みそうになるとスーパーへ行く、というのはすっかりわたしの癖になっている。

入店すると、冷房のよく効いたきんきんの店内の空気が押し寄せてきた。ああ、涼しい。すると、かごを持って自動ドアを開けてすぐのところが眩《まぶ》しかった。ニュージーランド産のマイヤーレモンがたくさん入って四百五十円。「皮ごと使えるので果実酒やはちみつ漬けにおすすめです」とＰＯＰには書いてあった。はちきれそうにぱんぱんに丸く、まさにレモンイエロー。見ているだけで元気になりそうだった。わたしはそのレモンの前に立ち止まって、しばし考えた。スープカレーやパッタイにレモンを添える。だとしても一個を使いきることはできないから、レモンクリームパスタを作ってもらうか、レモン汁をたっぷり使ったサラダを作ろうか。それにしてもたくさん余るだろうから、残った分は悪くなりそうならくし形切りにして冷凍し、氷代わりに水に浮かべてレモン水にすればすぐに使えるかもしれない……いや、待てよ。それにしたってこんなに必要だろうか。しかし……。

むんず、と摑《つか》んでかごに入れた。この眩しさをわたしの台所へ持って帰りたい、という一心で。どうするかはまだ決まっていないけれど、そんなこと、帰ってからいくらでも考えたらいいと思った。レモンなんていくつあってもいいはずだ、と。

帰宅すると買い物袋から買ったものを取り出した。レモンはやはり明るく、梅雨明け前の薄暗い部屋の中でそれは電球のようだった。わたしはダイニングの飾り棚にあるすかすかの菓子皿を手に取り、そこにしばらく入れてあった飴《あめ》を食べた。中身を空《から》にするときれいに皿を洗って、そこにレモンをすべて置いた。玉入れの玉とちょうど同じくらいの大きさのレモンはぜんぶで六つあった。下に四つ、上に二つ置くと、お月見団子のようにレモンの山ができた。わたしはそれを三歩下がって眺め、おおー、と、言った。写真を数枚撮り、すっかり満足した。菓子皿の上にレモンが盛られると、ぼんやりとしていた家の中がくっきりと静物画になるようでかっこいい。

ときにわたしはこんなふうに、果物を「食べたい」以上に「置きたい」と思って買うことがある。放っておいたら不安が鎮座してしまいそうなときは、こころの中に、それよりも先に果物を置けばいい。

白いさすまた

スーパーへ行って長葱《ながねぎ》を買うと、いつもその長葱はいちばん後にエコバッグへ入れる。豆腐や牛乳が既に入れられた中に、差し込むように長葱を入れるとき（武士）と思う。いつでも長葱を抜き、振りかざすことができるのだぞ、と妙に勇ましい気持ちになる。スーパーから出ると、その影を写真に撮りたくなる。わたしの持つエコバッグから飛び出た、小さなさすまたのような長葱がわたしに寄り添っていてうれしい。

すいかのサラダ

札幌の友人に連れて行ってもらったイタリアンバールは素晴らしい場所だった。U字にカウンターが構えられていて、ふたりの女性が料理とサーブをしている。和気藹々《わきあいあい》というには忙しく真剣に、しかし居心地はよく、ふたりが完璧に料理を提供している様子に痺《しび》れた。わたしも友人も料理が出来上がってゆくところをついつい眺めてしまい、会話はなんども止まった。自家製のハムもカツオのタルタルも非常においしく、白ワインもあかるいおいしさでこれがよく合った。そして、そのお店でいちばん感動したのが「スイカとフェタチーズのサラダ」だった。すいかをサラダに？　わたしは果物のサラダが大好きなのでどうしても気になって注文した。

ひとくちサイズのすいかに、紫玉ねぎと青とうがらしが薄く切られたのを纏《まと》っていて、ミントが散らされていた。チーズはあくまで控えめで、甘そうなすいかの赤さがまずは目を引く一皿だった。ひとくち食べて、目が開いた。しょっぱい、甘い、おいしい！歯がすいかをさりさりと噛《か》むたびに、甘いすいかの果汁が口を満たし、その果汁とオリーブオイルと塩味がばっちり合っていた。ケッパーだろうか、オリーブだろうか、アンチョビだろうか。具材はすいかだけなのに、カルパッチョや生ハムのようなパンチのあるうまみがあって食べごたえも抜群だった。解釈するように味わってゆっくり食べた。

札幌から帰ってきてもそのおいしさが忘れられず、すいかが安くなっているタイミングで、思い切って四分の一切れを買った。ちょうど実家から庭で採れたバジルやミントをたくさん貰っていて、あのサラダを再現するならいまだと思ったのだ。すいかは皮を剝《む》いて大きめの角切りにし、見えるところの種を取って冷蔵庫で冷やしておく。オリーブオイルにレモン汁、塩、にんにく、バジルとミントをたっぷり混ぜたものにすいかを入れてざっくり混ぜ、最後にカッテージチーズを少しだけ入れる。見よう見まねだったが、これがとてもおいしかった。すいかって、トマトのきゅうりなんだ！（？）と感動した。ウリ科のさわやかな青臭さと甘くてジューシーな果汁が、トマトときゅうりのいいとこ取りのように感じられた。そもそも、すいかに塩をかけて食べるのもおいしいのだから、オリーブオイルと塩だって合うに決まっている。すいかしか入れていないのに、やはりもっと複雑で肉厚な味がして、ワインによく合った。

お店で食べたものは、やはり青とうがらしのつんと抜けるさわやかさがよかった。玉ねぎもあったほうが絶対によい。それにあの少し癖のある塩味はケッパーだったのではなかろうか。にんにくを入れてぐんとうまみが強くなったけれど、にんにくがないほうがもっと食べやすいのかもしれない……。ああ、もっとちゃんと観察しながら食べるべきだった！　と悔しく思いながらも、お店の感動を舌に再現しようと家であれこれ試行錯誤して料理をするのはたのしい。感動の組み合わせや驚きの手段を教えてくれるのはいつだっていいお店での外食だ。家でできるかも！　と試して本当にうまくいけばうれしいし、ぜんぜん敵《かな》わなくって（いいお店だったなあ）としみじみ恋しくなるのもまたいい。

くわず女房

日本昔話の中で、わたしの中で最もトラウマなのに大好きなのが「くわず女房」というお話だ。ケチな夫が「わたしは食事をとりません」という美しい妻を貰ったが、実はその妻は髪に隠された後頭部に大きな口を持っている山姥《やまんば》。自分のいぬ間に白米をつぎつぎにおにぎりにして平らげているところを見てしまった夫を、その山姥がとっつかまえて食べようと追いかけて来る……。美しい妻がくわっと山姥の顔になるおそろしさと同時に、ものすごい量のおにぎりを後頭部の大きな口でうまそうに平らげるその姿は妙に魅力的で、幼いわたしにとっては、怖いのにおいしそう、という点で唯一無二の印象がある。

二〇二四年七月、仙台文学館の「長野ヒデ子 絵本と紙芝居」で長野ヒデ子さんの対談相手にご指名いただいた。ヒデ子さんとはその前の年から交友があり、チャーミングでパワフルな彼女に会うたびに、パワースポットのようにげんきを貰える。贅沢《ぜいたく》なことに、トークイベントの前にヒデ子さんと一緒に展示を回りながら、思い出話を聞かせてもらう時間があった。展示の最後には、彼女の手掛けた紙芝居がいくつも並べてあり、手に取れるようになっていた。紙芝居文化推進協議会会長を務めるヒデ子さんの魅力もたっぷり紹介された素晴らしい展示だった。その中に「くわず女房」があり、わたしは「これ！」と思わず大きな声を上げた。開いてみると、まさにその絵こそ、わたしのトラウマになった絵だったので驚いた。しおらしかった妻の髪の毛がぶわっと逆立ち、鬼の形相《ぎょうそう》でおにぎりを食べる絵を見て、ちいさな頃の記憶が完全に蘇《よみがえ》った。当時、おそろしくもおいしそうなおにぎりの絵に、口の中に唾液がこみ上げてきたことまですっかり思い出した。

「これ、わたし、とっても怖くて、とってもおいしそうで、大好きでした。このくわず女房、ヒデ子さんの絵だったなんて！」

あらまあ、とヒデ子さんも喜んでくれて、

「怖いよねえ、ここの絵！　自分で描いたのに怖くなっちゃって、編集者さんに『はやく取りに来て』ってお願いしたくらい」

と笑い話も聞かせてくださった。ここの絵のおにぎりがおいしそうで！　そうそう、でもこの絵の手がにゅっと伸びてくるところ！　こわーい！　ふたりではしゃぐと、ヒデ子さんはいたずらな顔で言った。

「でも、ほんとはほとんどの奥さんが『くわず女房』なんじゃないかって思うの。夫がいない間においしいもの食べても、知らん顔しちゃったりして」

ほんとだ。わたしはくすくす笑った。わたしも夫が仕事でいないうちに仕事相手とおいしいお寿司のランチを食べたことを、なんだか後ろめたくて黙っていたりする。ヒデ子さんは絵本だけじゃなくって、おしゃべりもほんとうにおもしろい。改めて見てみると、くわず女房が作るおにぎりはやっぱりとてもおいしそうだ。たっぷりと炊かれた白飯をふわっと握って、ひょいひょいと髪の中の大きな口に放り込む姿は愛らしくも思えてくる。

きょう、夫が帰ってくるまでの間に待てなくて、夜ご飯のために炊いたご飯をちいさな塩むすびにして食べた。わたしも立派なくわず女房だと思う。夫のことも、いつ鷲掴《わしづか》みにして喰《く》ってしまうかわからない。

ぶんぶん

「ぶんぶんチョッパー」をご存じだろうか。手動のフードプロセッサーのようなもので、保存容器のようなものの中にプロペラ状の刃がついている。食材を入れて蓋をして取っ手を引くと、糸が引かれてその刃が回転する。フードプロセッサーやブレンダーなどを使うほど大量には仕込まないが、ちょっとだけみじん切りしたいときに大変重宝する便利な調理器具だ。しかし、わたしにとってはそれ以上に、とても大切なストレス解消グッズになっている。

新刊が出る前はいつだって調子が悪い。誰が買うのだろう、本当によかったのだろうか、など、際限なくくよくよしてしまう。胸を張るのも作家の仕事のうちなのだろうと毎回思う。いまから暴れたって仕方のないことだから自分で折り合いをつけるしかないのだけれど、それがなかなか難しい。きょうも、ぼんやりとこころの調子が悪いなあと思っていたが、通話をしながら一緒に仕事をしているイラストレーターのモリユにいまの不調をぽつぽつと話しているうちに、新刊発売前だからなのではないか、という結論に達した。もやもやしているならば、やるしかあるまい、ぶんぶんチョッパー。

丁度冷蔵庫にはお盆に山形の親戚からいただいてきた夏野菜がたんまりある。きゅうり、茄子《なす》、茗荷《みょうが》、長芋をざっくりと切った。きゅうりを一摑みぶんぶんチョッパーの中にセットし、取っ手に指を掛ける。

（ぶんぶん！）

とこころの中で叫んだ。叫びながら取っ手を素早く引くと、いくつもの刃がきゅうりをすぱすぱと切る手ごたえがあった。

（ぶんぶん！　ぶんぶん！）

暴走族のバイクのようにこころの中でそう叫び、何度も取っ手を引いた。あっという間にきゅうりは細かいみじん切りになる。わたしは無心で次々に野菜をみじん切りにした。そうしてできた細かい夏野菜の山を保存容器へ入れ、そこにめんつゆをとぷとぷ注ぐ。あとは冷蔵庫で馴染《なじ》ませれば山形の「だし」である。豪快にれんげで掬《すく》って、冷《ひや》奴《やっこ》にかけてもよし、納豆と混ぜてもよし。途方に暮れるほど貰った夏野菜の大量消費にもなって、大変いいことをした気分になった。夫が帰ってきたら枝豆を茹でてそれも入れよう、と思っているうちにこころがすかっと晴れた。

ぶんぶんチョッパーを手に入れたばかりの夏、やはりその日も調子が悪く、大量の野菜をみじん切りにしようとしたところで丁度夫が帰ってきた。悪いニュースばかりの日で夫は珍しく顔色が悪く、「ごめんねえ、夕飯最近任せっきりで……」と萎《しお》れている。

「いいのいいの、わたしもストレス解消に料理がしたいだけだから。ほら、見て」

ぶんぶん！　目の前で取っ手を勢いよく引くと、夫は目を丸くして、数秒して笑い転げた。わたしはそのまま夫の前で大量にみじん切りにした。「れいちゃんがぶんぶんチョッパーで野菜をたのしそうに刻んでいるのを見てたら全部大丈夫になりました」と言うので、うれしくて調子に乗っていつもより取っ手を引きすぎて、やりたかった粗さよりも玉ねぎが随分細かくなった。

暴走したい日はぶんぶんチョッパーに限る。こんなに荒ぶった気持ちをぶつけているのに繊細なみじん切りになるのだからありがたい。

庭サラダバー

実家には小さな家庭菜園がある。毎年夏にかけて青紫蘇、ミニトマト、茄子、ピーマン、きゅうりなど、大量に収穫できるので「食べるのを手伝ってほしい」と言われ、たっぷりとその恩恵を受けている。今年はミックスレタスを植えたとは聞いていた。忙しさにかまけて交換するのがすっかり遅くなってしまった自家用車の冬タイヤを置きに実家に帰ると母はボウルとポリ袋を持ってきて「レタス、持って帰りな」と言った。

庭を見てみるとそこにはびっしりとレタスが生えていた。紫色のサニーレタスのような葉、緑の濃いサンチュのような葉、やわらかそうなひだの多いサラダ菜……名前はわからないが確実にやわらかくてサラダにぴったりであろう若い菜っ葉が五種類ほど、目一杯生えていた。

「どんどん大きくなっちゃうから食べるのが追いつかないのよ」

できるだけたくさん持ってってって、と母は言い、しゃがんでぷちぷちと大きな葉を選んで摘み取った。わたしもしゃがみ、外側の大きな葉を選んで次々に収穫した。まだ収穫には早くもったいないくらい若いように見えるけれど、これだけあればたしかに毎日食べても減らないだろう。大きなボウルに山盛りにしながら、スーパーで買うサラダリーフの詰め合わせだったら何百円分だろうと思わずにはいられない。どれも陽の光でほんのりまだ温かく、摘まみ取った茎から水分が滴るほど瑞々《みずみず》しい。くせがなくて本当においしいんだよ、ご飯代わりにレタスばっかり食べてたらちょっと痩せたと母は笑った。焼いたお肉で巻いて食べようかなと言うと、それならこの春菊も入れるといいよ、と言って、その横に生えている若い春菊をぷちぷち摘まんでくれた。「サラダバー」と母は笑った。夕陽の中でレタスをわんさか採り、ボウルに入れる。これよりも豊かなことってあるだろうか。ああ、わたしはようやくそう思えるようになった。

田んぼだらけのところに暮らしていて、大学生になるまでろくにファミレスに行ったことがなかったわたしは、ドリンクバーとサラダバーにずっと憧れていた。誕生日におままごとのすかいらーくのドリンクバーを買ってもらって、それにペットボトルのジュースと牛乳と麦茶を入れてドリンクバーごっこをしていたくらいだ。どのチェーン店に行くか選ぶことのできる人たちのことが心底うらやましかった。都会の人たちに「畑だなんてうらやましい」と言われるところを想像すると、まだちゃんと腹が立つ。わたしが畑の野菜を捥《も》いで食べていたのは、生活圏内にファミレスなんてなかったからだ。サラダバーがあるなら、そこへ行きたかった。サラダバーがある青春を送ったやつが、祖母の畑しかなかったわたしをうらやましいと言うその暴力を考えたことがあるか。……でも。いまとなっては、食卓にいつもとれたての野菜が並んでいたことの贅沢も理解できる。夕飯は豚バラを焼いて、コチュジャンを入れた味噌とキムチをのせ、若いレタスを何種類も重ねて巻いて食べた。やわらかく、甘く、ほんの少し苦くてとびきりおいしかった。しゃくしゃく噛みながら、いいだろ、と思った。

手作りマヨネーズ

マヨネーズが苦手だと言っていた夫が、友人夫婦とのたこ焼きパーティーで「松田のマヨネーズ」という高級マヨネーズが出てきたらうまいうまいと食べたので怒った。たしかに松田のマヨネーズは卵のうまみがあり、まろやかでとてもおいしかった。

マヨラーと呼ばれるほどではないため普段は黙っているのだが、わたしは結構マヨネーズが好きだ。居酒屋で冷やしトマトやするめや焼きししゃもに丸く絞られて添えられているマヨネーズが残りそうなときはいつだってこっそり拭《ぬぐ》って食べている。茹で野菜にマヨネーズはいつだってとびきりのご馳走《ちそう》だ。お浸しをマヨ醤油で食べるのも好き。ひとり暮らしの自炊でも、キユーピーの星形に出るマヨネーズに何度救われたかわからない。そのうれしさを短歌にしたことがあるくらいだ。何よりもあの酸味とまろやかな白さに食欲が湧く。それなのに夫が苦手だと言うからこれまでマヨネーズを我慢して、使うときも隠れるように、申し訳なさそうにしていたのに……！　大変不服で唇を突き出した。酸味があるマヨネーズが苦手なだけで、マヨネーズ自体が苦手なわけではないのだが、マヨネーズが苦手だと言っておかないと苦手なタイプのマヨネーズだったときにつらくて云々《うんぬん》と夫が弁解すると、怒っているわたしと気まずそうな夫を交互に見た友人が「手作りマヨネーズならいいんじゃない」と言った。たしかに。うちにはブレンダーがある。すぐにこめ油と卵を買って帰宅した。

調べてみると手作りマヨネーズのレシピはいくつもあった。オレンジページネットにコウケンテツさんのマヨネーズのレシピがあったので、その通りに作った。卵黄ふたつ、塩小さじ一、お酢大さじ二。そこまではうきうきと用意していたのだが、油一カップとあって仰け反った。夫に一カップのこめ油を見せると「うそでしょ」とドン引きしている。食育ってかんじだねえ、と言いながら、構わずブレンダーのスイッチを入れた。油の多さや砂糖の多さに慄《おのの》きながら普段の食事に感謝するのが自炊のよさである。数回に分けて油を入れるともったりとしてきて、マヨネーズはあっという間に完成した。ふたりで小指にのせて味見をすると「そ、そのまんまの味がする」と夫は困った顔をした。たしかに「これぞ手作りマヨネーズ」というかんじの、卵黄、塩、お酢、油の素朴な味がした。きゅうりにつけて食べてみるとようやく親しみのあるマヨネーズの味に感じられて夫もほっとしたようだった。手作りマヨネーズは一週間以内に使いきったほうがいいらしい。市販のマヨネーズはそれだけ食べてもマヨネーズらしい味がする。おいしさと長い賞味期限のために企業はたくさんの試作を重ねたのだろうとありがたくなった。

翌朝になると冷蔵庫で冷えたマヨネーズは作りたてよりもぽってりと硬さが増した。じゃがいもを皮のまま蒸《ふ》かして半分に割り、朝食にした。夫はじゃがいもにマヨネーズを控えめにつけて齧ると「うっま!」と笑顔になり、マヨネーズをもっとたっぷりのせてもうひとくち食べた。「れいちゃん天才だよ、このマヨネーズ、すっごくおいしい!」そうでしょう。蒸かしたてのじゃがいもとマヨネーズなんて、最高に決まっているもの。得意になってわたしもひとくち食べるとうんとおいしかった。こめ油のまろやかさと、卵のおいしさと、きゅっとしたお酢の酸味。マスタードや胡椒《こしょう》を混ぜて作ってもいいかもしれない。ポテトサラダやタルタルソースやたまごサラダ。マヨネーズをたっぷり使った料理がつぎつぎと頭の中に浮かんで笑顔になる。あれだけ大量の油を使っているということは忘れることにして、わたしはマヨネーズの献立を考えた。

おどろきの南蛮漬け

自家製マヨネーズがまだたっぷりあるので、折角ならばそれを存分に味わう夕飯を作りたいなあ、と思っていたとき、Twitter（はいはい、Xですよね、わかってはいるんだけれど……）でチキン南蛮のレシピに感動した、という投稿があり、それに紐《ひも》づいて宮崎の名店「おぐら」のアカウントがレシピを投稿していた。チキン南蛮は前に一度作ったことがあるけれど、宮崎の名店となればぜひやってみたい。レシピの材料をざっと眺めて、タルタルソース用の玉ねぎとにんじん（きゅうりは家にある）、鶏むね肉を買って帰って、いざ作ろうとしてぎょっとした。南蛮酢を作るために、醤油百cc、お酢二百cc、それに砂糖が二百四十グラムだと……？　「クッキー作るんじゃないんだから」と独り言が漏れた。調味料のところはざっと見ただけで、せいぜい大さじ四とかそのくらいだと思っていたから、家にあるなあと思って見過ごしていた。お酢も醤油もぎりぎりあるけれど、砂糖入れをひっくり返して量ってみても百八十グラムも足りなかった。そこに、丁度渡したいものがあるからうちに寄ってくれるという友人のキコから〈スーパー寄るけどなんか買ってく？〉と連絡が来た。っしあ、と声が出た。上白糖、いちばん安いやつでいいからお願い、チキン南蛮味見させたげるから。〈え、いいの？　やりい〉キコはすぐに上白糖を持ってうちに来てくれて、レシピの分量を見ると「ひええ、南蛮漬けを作ってくれるお店に感謝だね」と言った。本当だね。これで合ってるんだよなあ、入れるぞ、入れるぞお！　と発奮しながら小鍋にたっぷりと調味料を入れて、玉ねぎと生姜《しょうが》と一緒に煮立たせた。薄切りの玉ねぎはあっという間に色づきながら煮えた。溶き卵を纏わせたむね肉を揚げ焼きにして、その小鍋にとぷりと漬ける。砂糖の量と塩分にひっくり返りそうだったが、漬けるだけの南蛮酢はたくさんチキンを引き上げても案外減らなかった。南蛮酢に漬かったほかほかのチキンに野菜のみじん切りがたっぷり入ったタルタルソースをかけて、キコとふたりで味見した。「店！」とキコは笑った。そりゃそうだ、店のレシピなのだから。けれどもたしかに「店！」だった。しっかりした味付けはこれだけたっぷりと南蛮酢を仕込んだ意味がある。「おいしすぎる！　米かもしれん」とキコが言うので、茶碗に炊き立てのご飯も出して、ふたりで褒め合いながら夕食前の堂々とした試食をした。老舗のぐんとおいしい天丼のつゆに感じるのと同じような凄《すご》みのある味だ。やっぱり砂糖をひるまずに使うことなのかもしれないよねえなどと言い合って食べ終わるとキコは帰り、夫が帰宅すると何食わぬ顔でチキン南蛮を作り直した。

夫はうまいうまいとすごい速さでご飯をおかわりして、わたしは満足した。

残った南蛮酢は保存容器に入れておき、翌日揚げた茄子を浸したら、これもまたおいしかった。南蛮酢はなかなか減らない。要は間違いなくおいしい甘酢だれなのだから、とろみをつけて肉団子にかけたり、天津飯のようにしてもいいかもしれない。手作りマヨネーズを食べ終わったら、今度は南蛮酢に追われる日々がはじまった。もうたいへん、と言いながら満面の笑みである。

かに玉ごはん

おどろきの分量で作ったチキン南蛮は仰け反るほどおいしかったが、南蛮酢の消費には難儀していた。茄子を浸したり、ピーマンを浸したりしても効果的にその分量が減ることはなく、困り果てて（封印……）と念じて保存袋に入れて冷凍した後、しばらくそのことを忘れていた。

冷凍は便利だけれど、わたしは何でもかんでも冷凍しようと思うほうではない。同じくらい食いしん坊で料理もする友人のキコは「冷凍するとねえ、時が止まるんだよ……」とうつろな目をしながら食べたいものは何でも買ってしまい常に冷凍庫をぱんぱんにしているが、わたしはたとえ冷凍で時が止まったとしても出来立て作り立てのおいしさには敵わないと思っているので、冷凍してもひと月、長くてもふた月以内には消費したい。冷凍庫内を空にしたい衝動は不意に訪れ、そして、かつての南蛮酢と向き合わねばならぬ日が来た。幸いにも冷凍庫内を空にしたい衝動は保存食品を消費したい衝動と連鎖し、かに缶も発見された。かに缶。南蛮酢。冷蔵庫には賞味期限の近い卵が四つ。冷凍ご飯も使いたい。そうとなればもう、かに玉ごはんで決まりだ。

自然解凍した南蛮酢を小鍋にあけると、いますぐ白飯を掻《か》き込みたくなるようないい匂いがしてよだれが出た。南蛮酢を沸かして、そこに水を多めに入れた。それでもできる限り南蛮酢を使い、どうにか減らしてから冷凍したはずなのにあんかけにできるくらいの味の薄さにしようとしたら三倍に希釈することになり、(また増えた……)とゾッとした。あれだけの砂糖と醤油を使った南蛮酢なのだ、仕方あるまい。何か味を加える必要があるかと思っていたが、薄めるだけで最高の塩梅《あんばい》の甘酢だれになった。水溶き片栗粉を加えるとてらてらとうつくしい甘酢あんができた。

　フライパンに長葱のみじん切りをたっぷり一本分入れて(わたしのおばかが、長葱があるのに長葱を買ってきてしまったのでいま冷蔵庫に六本もある)、ごま油でじくじくと炒める。冷凍ご飯を電子レンジで温め、平皿に盛っておく。卵四つをボウルに割って溶きすぎないくらい混ぜ、かに缶を開け、きれいな脚の身を飾り用にとっておき、残りのほぐし身を溶き卵に混ぜ、きもち程度にうまみ調味料を振りかける。甘酢あんが完璧な味付けなので、卵に塩味は入れない。炒めている長葱にこめ油を少し足し、強火にして一気に卵液を流し込む。ふわっ、ふわっ、と念じるようにへらで大きく混ぜると卵はふくらみながらとろとろに火が入る。もうちょっと、と思うくらいで火を止めて、余熱で火が通りすぎる前にご飯の上に盛る。間髪入れずにとろ火で温めておいた甘酢あんをかけて、かにの身をあしらい、踊るような足取りで食卓に置く。かに玉ごはんの出来上がり。これを天津飯と呼ぶのは知っているのだけれど、自分で作るときはこれは「かに玉ごはん」だと思う。

夫はひとくち食べると「ん！」と鳴き、もうひとくち食べ終えると「お店だ」と褒め称えた。だってお店のレシピの南蛮酢で作った甘酢あんだもの。まいったねこりゃと思うほどおいしくてすっかり得意になったが、わたしはそのあとに気づくのだ。こんどは甘酢あんがこんなに残ってしまったことを。

いい海苔

福岡のイベントで、佐賀から来た読者の方に海苔《のり》をいただいた。一目見てわかる高級そうな海苔に「さてはいい海苔だ」と言うと「いい海苔ですよお」とにんまりと言われた。帰宅してからその海苔は乾物入れに仕舞って大事に取っておいて、それからあっという間に数か月経ってしまった。ある日、味噌汁のために乾燥わかめを取り出そうとして（はっ、しまった！　いい海苔があったんだ！）と慌てた。わたしは海苔が大好きなのだけれど、毎日おにぎりを握るような暮らしでない限り、板海苔を使う献立は案外訪れないと知った。

翌日スーパーへ買い物に行くととても新鮮そうなお刺身の盛り合わせが思っていた金額の三分の二くらいの値段で売られていた。これはチャンスだ。その日の夕飯を手巻き寿司に決めた。仕事を終えるとお米を研いで炊飯のスイッチを入れ〈きょうは手巻き寿司です！〉と夫にメッセージを送る。するとすぐに〈帰ります！〉と連絡がきた。手巻き寿司と文字にすると改めてうれしさがこみ上げてくる。しかし何の日でもないのに豪華すぎるのではなかろうか。後ろめたいきもちを（いい海苔を存分に味わうためだもの）と言い聞かせた。

お米の炊ける匂いの中でパックのお刺身をお皿に盛り直し、板海苔の封を開けた。手巻き寿司って久しぶりだ。ふたりで一体どのくらいの海苔が必要なのだろうか。そっと手を差し込んで一枚取ると、ふわっといい香りがした。海苔は台所の蛍光灯を明るく透かし、ほんの少し赤みのある緑色をしている。わたしはこれまで「いい海苔」というのはとにかく黒光りしているものだと思っていたが、真にいい海苔とはもしかするとほんのりと赤いのかもしれない。ためしにガスコンロで一枚炙《あぶ》ってみると、炎の先があたったところから翻るように緑色が濃くなった。いますぐ齧りつきたいくらい香ばしい匂いが堪《たま》らない。以前、うんとおいしいお餅屋さんで磯辺餅を食べたときとおなじ香りがした。板海苔を四枚炙り、それを四分の一の四角形に切ったので十六枚だ。焼き立ての海苔が分厚く皿の上に重なってうれしい。サーモン、ぶり、まぐろ、海老、いか。わさびと生姜と刻んだ青紫蘇を小皿に盛り、あとはご飯が炊きあがるのを待つだけ。

ご飯が炊きあがる二分前に夫は帰宅して、ネクタイを外しながら鞄《かばん》を肩からおろして言った。「手巻き寿司だって聞いたから全部投げ出して帰ってきた」。笑いながらご飯をよそい、日本酒を注《つ》ぐ。いただきます、と言う前に夫が「わ、海苔のいいにおい！」と言うので「いい海苔なのでね」とわたしはにんまりした。海苔にご飯をのせ、そこにいか刺しと紫蘇と生姜をたっぷりのせて齧りついた。ぐあん、と脳に大波が押し寄せるようなうまさだった。漁船に乗って大漁旗を振るきもちで「くはー、うまい」と仰け反ると、ぶりを包んで齧った夫も「こりゃあ」と言って笑った。「海苔だ」「うん、海苔がうまい」これはいい、と無言になってもりもり食べていたらあっという間に海苔が足りなくなって、残りの四枚からもう二枚炙った。本当は全部食べてしまいそうだったのだが、これだけおいしい海苔ならきっと海苔弁にするのもおいしいだろう。(海苔弁、海苔弁……)とこころの中で呟《つぶや》きながら、二枚を残してジッパーで封をした。

すだち

大阪へ行ったものの、大阪土産に悩んだ。仙台なら萩の月、名古屋ならういろう、京都なら阿闍梨餅《あじゃりもち》、と浮かぶが、大阪土産と言われてぴんとくるものがない。スーパーに立ち寄って堅あげポテトの関西だししょうゆと、鶯《うぐいす》ボールと、大阪うまい屋監修たこ焼粉を買い、今回はこんなところかしら、と思ってレジまで向かう途中の青果コーナーで足が止まった。

「すだちが安いっ」

と声を出すと、夫が「買いだ」と言った。大特価と赤く太字で書かれた国産のすだちは皮が緑色で新鮮そうで袋に十個以上入って二百円だった。大阪の名産ということではないのだろうが、徳島との距離は岩手よりもずっと近いから、手に入る機会もきっと多いのだろう。東北に暮らしているとすだちにあまり縁がない。すだちもかぼすも食卓に登場するどころか飲食店でも接する機会が少ないから、目の前に置かれて「これはすだちですか、かぼすですか」と問われてもあまり自信がなかったけれど、そうか、この小さいほうがすだちか。前に盛岡で松茸を食べようとしてすだちを買い求めたとき、スーパーをいくつもはしごしてようやく見つけて二個で二百円だった記憶がある。安い安い。

帰宅すると仕事に追われてしまい、こころの中で何度も（すだちを調理したいのに！）と叫んだ。四、五日経つとさすがに皮が少し乾いてしまった。いけない、いま冷蔵庫にあるすだちより大切な仕事なんてないのに！　慌ててすだち三昧の献立を決行した。

まずはすだち蕎麦《そば》を作った。乾麺の蕎麦を茹で、めんつゆを薄めに希釈し、煮切ったみりんと出汁醤油をたらりと入れて冷たい蕎麦つゆを用意した。すだちを輪切りにして並べると、なんと爽やかな冷やしかけ蕎麦でしょう。わたしは柑橘《かんきつ》の料理に目がなく、蕎麦屋さんで見かけると絶対に頼んでしまうのだけれど、東北の蕎麦屋さんで見かけることは少なく寂しかった。自分で拵《こしら》えれば何枚でもすだちをのせられる。うれしい。啜ってみると、きゅっと酸っぱくておいしい。たまらずスライスを齧ると皮に独特な香りがあり、ほんのりとスパイシーさも感じた。酸味が疲れに染みて、蕎麦を食べ終えてもちびちびとつゆを飲んだ。

まだまだすだちはある。翌日は秋刀魚《さんま》を買ってきて焼き秋刀魚に添えようと思った。それでも余るので、すだちのドレッシングを作ることにした。香川県まんのう町「田舎そば川原」さんのYouTube公式チャンネルを見つけて、そこにあった醤油ベースのドレッシングにした。店主である川原恵美子さんのことは以前から知っていて、動画を再生してそのやさしくかわいらしい声色に魅了されながら作った。すだちの果汁とお醤油とちょっぴりのごま油で、さっぱりとしておいしいシンプルなドレッシングだ。ざく切りのレタスと厚めに切ったきゅうりだけのサラダにそれをかけて食べた。秋刀魚も小ぶりながら安いものを手に入れることができて満足だ。やはり秋刀魚はひとり一尾を平らげるのがいい。はらわたの苦みにすだちの酸味が染みわたっておいしい。秋だねえ、と言いながら、夫とにこやかに食べきった。遠出の先で安い野菜や果物を買って帰るというのもなかなかよいものだ。

寿司はファストフード

就活時、とある新聞社のインターンをした。エッセイと新聞記事はちがう、と、やたらわたしに牙を向けてくる社員がいて（新聞社に入ったらわたしだって記事を書きますけれど）と不服に思った。その社員は「昼食の時間は一時間だけれど、一時間と言われたら三十分で済ませるものだ」と言い、わたしは静かにここを受けるのはやめようと思ったのだけれど「そこで、最も早く終えられるランチはなんだと思う、寿司だ。寿司はファストフードだ。すぐに出てくるし、すぐに帰れる」と言ったことを妙に覚えている。その後、営業職で働き出すと出先でさっと昼食を済ませなければならない機会が多くなった。コンビニではない、自分を鼓舞するようなものが食べたい、と思ったときにお寿司屋さんに入った。短い時間で自分を励ますのに、本当に寿司はちょうどよく、早かった。あの人も自分を鼓舞したかったのかもしれない。

シェーキーズってすばらしい

お盆休みにかおちゃんが帰ってきた。折角滋賀から盛岡に帰ってきたのだから盛岡冷麺？　と思っていたら、かおちゃんは「シェーキーズに行きませんか」と言った。シェーキーズ！　わたしの高校から近い百貨店、アネックスカワトクの中にある、ピザとパスタの食べ放題の店である。全国に十四店舗あるチェーン店で、いま東北では唯一盛岡にあるようだ。

「こんなに高校から近かったのに実は行ったことなくて」

「うそでしょ」

と言いつつ、わたしも高校のときは一回しか行ったことがない。面白そうだからぜひそうしよう、となった。

ふたりでお腹を空かせて向かうと、ランチは千円ちょっとだった。ドリンクバーでないとはいえ、いくらなんでも安すぎる。大きなプラカップに注がれたジンジャーエールと、お皿とフォークとおしぼりを受け取って席に着く。

並んだピザを見て、かおちゃんは「これはたいへんですね」と深刻な顔をした。これはたいへんに、食べすぎてしまうよね。サラミののったペパロニ、パインののったハワイアン、テリヤキチキンのピザ、エビ&マヨネーズ、いももちのピザ、アンチョビ&トマト、バーガーピザ、マヨネーズ&コーン、チョコバナナのデザートピザ……常に六皿ほど焼かれた順に提供され、空《から》になるとまた別のメニューが随時追加されるらしく堪らない。パスタもペペロンチーノと和風明太が出来立てで盛られて湯気を立てている。ピザもパスタも陳列台でしなびたり伸びたりして乾いているそれではまったくない。ようこそ! ピザとパスタをたらふくを食べに来たんでしょう、出来立てをどうぞ! という意気込みを感じてどれも選べないほどおいしそうだ。しかも、シェーキーズには小判形のポテトもある。これがまた揚げ立てでシーズニングをしっかり纏っている。

わたしたちは興奮しながらピザとパスタとポテトを食べた。どうせおまけでしょうと半ば見くびっていたパスタでさえアルデンテでソースがおいしく、ピザはどれもカリカリもちもちでちっともとぼけた味ではなく、ポテトもおかわりのたびに二枚取ってしまうたまらないうまさで、もう勘弁してくれ。しかしもう一皿……と困りながらたくさん食べた。家族連れ、おじさんひとり、学生グループ。みな炭水化物と油分とがっぷり四つで何度も空の皿を持って立ち上がった。みんながたくさん食べてくれるからどんどん違う味の出来立てが出てきてしまい、出来立てはおいしいから、苦しくても立ち上がってしまう。よりすばらしいシェーキーズを体感するために協力し合い、肩を組んで満腹の先に向かうような謎の連帯感があった。わたしはかおちゃんと恋の話をしながら黙々とピザを食べ、また恋の話をしつつも、眠くてこの話をしたことも忘れてしまうんじゃないかと思った。向かいに座る家族で来たらしき一行の男子生徒が、皿の上に四種のピザをのせ、右手にピザを一枚持って口を開けたままぼーっとしていて笑った。絵に描いたような満腹ではないか。食べきれるのかその残り五枚を。お腹をさすりながら別れた。シェーキーズってすばらしい。

ピザは円グラフ

高校時代にシェーキーズでピザを食べた日のことを、わたしはしっかり覚えている。樋口とふたりで食べた。この誕生日で十七歳になろうというタイミングで、何か儀式のようなことをしたくなり、ピザを十七切れ食べたい、とわたしが提案したのだ。その頃のわたしはやたらと十七歳という年齢に焦がれていた。垢《あか》ぬけず明るくもない自分が十代の最も華々しいとされる年齢を迎えることに焦っていた。クラスのかわいい女子たちと違って、わたしに自動的に青春が訪れることはきっとない。だから、自分の手で青春をやるしかない。とにかく青春らしいことを書くしかない。そう考えて必死に文芸部の部活と向き合っていた。とにかく十七歳の自分を何かのかたちで残そうとしていたわたしに樋口は辟易していたのかもしれない。「なるほど」と樋口は言って、十七切れ食べるとわたしが息巻いていることにはそんなに反応しなかったが、その場に立ち会う約束をしてくれた。シェーキーズのあるアネックスカワトクのフードコートはわたしたちのたまり場だった。いつもふたりでそこで課題をしていた。ふたりともお金を使いたくなかったので、食品売り場で自販機より安く売られているペットボトル飲料を飲んでばかりだった。一緒にシェーキーズでピザを食べないか、という提案それ自体に樋口は案外乗り気だった。わたしたちはフードコートで一年近くピザの匂いを嗅ぎ続けていた。もしかすると樋口もピザを食べたかったのかもしれない。

わたしたちはピザを黙々と食べた。はじめの六、七切れは本当に余裕だった。意外とうまいね、焼き立てなんだねと言い合いながらぺろりと平らげた。わたしは十七切れまであと何切れか何度も数えながら食べ、樋口は樋口でそれなりに元を取りたい気持ちからおかわりをした。十二切れを超えたところで突然満腹感が来た。それもそうだ、既にピザ丸々一枚以上を食べているのだ。樋口はもういいかな、と言ってマシュマロののったデザートピザに手を出し始めて、ここからまだ本気でおかわりをするのはわたしひとりだった。あと五切れ。回数を分けてしまったらへこたれそうだったので、一気に五切れ皿にのせた。シェーキーズのピザのカットは（おそらくわざとだと信じているのだが）大きさが割とランダムで、大きなものと細いものがある。わたしは最後の五切れを、食べたい味ではなくてなるべく細いものを選んだ。「ほっそ」と樋口は言ったが、十七切れ食べるという目標のほうが優先だった。既に限界だった胃の容量を、みちっ、みちっ、と詰め放題の袋を伸ばすようなきもちで食べた。残り二切れになったところで本当の満腹が来た。本当の満腹。目ん玉が上にぐるんと回ってしまうほど眠たく、首がきゅうっと絞め上げられたように苦しかった。

「ちょっと、吐かないでね」

と樋口はやや顔を引き攣《つ》らせながら心配してくれた。はかねぇよ、と言いながら、なぜこんなにむきになっているのだわたしは。ピザを十七切れ食べると自分で決めて、自分で決めたのに、いま、なぜピザを十七切れも食べなければいけないのか訳がわからない。しかし、十五切れはもう食べたのだ。あと二切れ食べなければ負けたような気がする。負け？　だれに負けるのだ。自分自身に。しかし、思い付きでこんなばかな目標を立てるような愚かな自分自身に勝ってどうする。どうしようもないが、ここで食べなければ、勝たなければ、とにかく気が済まないのだ。わたしは苦しみの中で何とかもう二切れを食べた。最後のひとくちを噛みながら、飲み込むことを拒否している胃の中へ、すっかり氷が溶けきった、ジンジャーエールの味がほんのりする水と共に流し込んだ。勝った！と思った。わたしはいま高校生で、十七歳だから、ピザを十七切れ食べた。どうだ、おもしろいだろう。そうふんぞり返るきもちだった。満腹に苦しむことなくデザートとしてりんごとシナモンののったピザを食べながら、樋口は「よかったじゃん」と言ってくれた。それ以来、ピザを食べるたびに（かつて十七歳のわたしはシェーキーズで十七切れのピザを食べた）と思う。そして熊と取っ組み合ったおじいさんがその古傷を自慢するような顔をしそうになる。

わたしは何か辛《つら》いことや、早く忘れたいようなことがあるとピザを食べたくなることが多い。そのことがあの日の十七切れのピザとどのくらいの因果関係にあるのかはわからないけれど。皿の上を覆い尽くすようにきれいな円になったピザが運ばれてきて、それが次第に減っていくところを見るとすかっとする。百パーセントあったいやなきもちを奪うように取り合って食べ、適切なローディングの時間を経てそれをゼロにするような心地がしてすがすがしいのだ。人生は円グラフだから、いやなことがあったらとにかくほかのことで頭の中を埋め尽くして、そのいやなことをさっさと灰色の細い「その他」にするほかないと思う。その点、ピザは完全に円グラフだ。生きていればいくらでもある辛いことを「その他」にしたい日、わたしはピザを食べたくなる。

醤油はいずれなくなる

岩手県に住んでいて、月に一度、地元の夕方のテレビ番組に出演している。「くどうれいんのおいしい短歌」というコーナーで、毎回県内のいろんなグルメを味わい、最後に短歌を詠む、というものだ。なにしろ岩手県はとても広いので、自分ではなかなか足を運べないような場所に連れて行ってもらい、農家さん、杜氏《とうじ》さん、シェフなど、様々な人とお話ができるので大変よい経験になるお仕事だ。お伺いするお店はとても魅力的なところばかりなので、ついつい、放送と関係のないところで個人的な買い物をしてしまうことも多い。

先日、いちごの取材でとある八百屋さんへ行くと、調味料もとても面白いものばかり並んでいた。「しょうゆ天使」と書かれた大瓶の醤油にわたしはすぐにこころ惹かれた。

「この絵って」

「はい、やなせたかしさんですよ」

お店の方がうれしそうに教えてくれた。醤油瓶を持って飛んでいるそのラベルに描かれた天使は、やなせたかしさんがデザインされたものだった。東日本大震災により社屋・工場が全壊し、流された陸前高田「ヤマニ醤油」が、瓦礫《がれき》の中から見つかったレシピをもとに味の再現に挑戦した甘口醤油、とのことだった。欲しい、と思ったが、まさにその前日、そろそろお醤油がなくなりそうだからと新しい醤油を買ってしまったばかりだった。ぐう、買っちゃったばっかり、と唸《うな》るわたしに、映像カメラマンの男性は笑いながら言った。

「買えばいいじゃない。醤油はどうせいつかなくなるよ」

「なんですかそれ。『醤油はどうせいつかなくなる』って映画のタイトルみたい」

そう言うと、彼はほんとだなあ！　と笑い、いつか何かのタイトルに使っていいよ、と言った。

結局、そのあとも移動が多かったので大瓶のお醤油を抱えて歩くのは難しく、次また見かけたら必ず買おうとこころに誓って購入を断念した。しかし、その後もずっと、買い物をするたびに「醤油はどうせいつかなくなる」という言葉がわたしの中に残った。

醤油の大きな瓶を買うのは、それを使いきるまで自分が生きていて、暮らしを続けると信じる行為だと思う。まるっとひと瓶あるのに、それをもうひとつ買う、というのはわたしにとってはあまりにも未来への約束でありすぎて背負いきれないと思ってしまったが、もっと気を抜いて考えてもいいのかもしれない。

わたしは昔から、もし明日うっかり死んでしまったらどうしよう、と、頭の隅で考えてしまうようなこどもだった。けれど、いまのところ三十年図太く生きている。気合を入れても入れなくてもわたしたちはどうやら生きのびる。生きていればお醤油はちょっとずつ減って、つぎのお醤油に手をつける日が来る。どうせ生きる、どうせ醤油は減る。ならば気になるお醤油を使ってみる人生のほうがいい。欲しいものから順に手に入れたって、それを味わう時間が足りないくらいなのだ。

「醤油はどうせいつかなくなる」「塩はどうせいつかなくなる」「出汁はどうせいつかなくなる」。いま、参ったことにその言葉は、既に持っているものを買いたい自分を甘やかすための、禁断の呪文のようになってしまった。

萩の月

全国にはいろいろなお土産があるけれど、結局のところ、「萩の月」を貰うのがいちばんうれしい。わたしは盛岡市に住んでいるのだから、なるべくは岩手のものがいちばんだと言いたい気持ちもあるのだけれど、でも、萩の月ってやっぱり強い。仙台には萩の月があるからずるい。

萩の月は「お土産」ではなくもはや萩の月なのだ。会社でお土産としていただいたときも、それを配ってくれる人は「仙台支社の方からお土産です」ではなくて「仙台支社の方から萩の月です」と言う。萩の月です。そう言われたとたん、わたしの頭の中にはペカーッと真っ白い月光が差し込む。どれだけ忙しくても「食べたいです」とふらりと立ち上がる。それがぜんぜん自分と関係のない方からいただいたものだったとしても、萩の月をくれたというだけで何か協力したいと思うし、迷惑を掛けられたとしても赦《ゆる》そうと思ってしまう。わたしは萩の月を前にするともうだめなのだ。

まず箱がいい。もしわたしがお饅頭になることがあったとしたら、やっぱり萩の月のような化粧箱に守られたい。食べるためにあっさりと開けられてしまう、それだけのための箱だけれどやっぱりうれしい。わたしのお菓子好きの友人が「お菓子に大切なことは（今から贅沢をするぞ！）と思わせてくれるような重厚な包装紙である」と言っていたが、こころからそう思う。箱を開けながら（いまから萩の月を食べます）と思い、俄然《がぜん》気持ちが盛り上がる。

あたためて食べるのがおいしいだとか、冷やして食べるのがおいしいだとか、萩の月の食べ方にはいろいろなこだわりを持つ人がいると思うのだけれど、わたしは常温で食べたい。あのもったりとしたクリームを舌全体にのせてうっとりしたいのだ。てのひらにのせたときの、しっとりとした重さ。こんなにシンプルなのに、萩の月には萩の月にしかないおいしさがある。ほんの少しだけざらっとしたクリームが舌の上にのると、おお、萩の月だ！　と感動する。大きく頬張って口の中ぜんぶで萩の月を感じたところに、マグカップに注いだ冷たい牛乳を飲みたい。本当は二個欲しい。いますぐ食べたい気持ちを堪えて明日もうひとつ食べたい。

前に仙台でサイン会をしたときに「何度だって食べたことがあると思うんですけど、結局これなんですよ」と言って萩の月を差し入れにいただいたときは、くーっ、と仰け反った。ありがとう。わかるよ。あまりに定番すぎるんじゃないかって思ったりもするんだけどね、結局萩の月がいちばんうれしいよ。自分用に買って食べるくらい好きでも、貰う萩の月がいちばんおいしいのはなぜなんだろう。

いま、菓匠三全のホームページを見たら萩の月のキャッチコピーには「まごころをかたちに。」とある。そうか、まごころのかたちとは、クリーム色で、ふかふかの、まんまるだったのか。わたしも萩の月のような明るいまごころを胸に持って暮らしたい。

ほや

こころが弱っているときほど、他人の目が気になる。不安で眠れない夜に普段しないエゴサーチをうっかりしてしまって自分の作品が「嫌いな人もいると思うけど、わたしはとても好きでした」と言われていたことを知る。

褒められているはずなのだが「とても好きでした」よりも「嫌いな人もいると思うけど」という前置きにとても引っかかる。頼むから、まっすぐに「好きでした」とだけ言ってほしい。「おいしくないかもしれないけどがんばって作った」とか「素人だからわからないけどとてもよかった」とか、余計な前置きは謙虚でもなんでもなく、余計だ。

それでふと、ほやのことを考えた。わたしが紫蘇ときゅうりで酢の物にして食べるのが好きな、海の幸のほやのことだ。わたしはほやが好きだとだれかに伝えるとき「苦手な人もいるかもしれないけど」と余計な前置きをつけているような気がする。ああ、ほやよ。ほやはいままでどれだけの「苦手な人もいるかもしれないけど」という言葉に傷ついてきたのだろう。うまいと思ったのだから、うまいとだけ言えばいいのだ。

ほやが好きになったのは、母がほやの酢の物を好きだったからだ。我が家では父も弟もほやを食べないので、母はほやを食べたくても自分ひとりのために買うのをためらうことが多かった。母は一緒にスーパーへ行くと「ああ、ほやおいしそう」「すごく新鮮そう」「食べたいなあ」とよく言った。自分しか好んで食べないから食べられる機会が少ないため、わたしの前ではほやを食べたい気持ちが強く出たのだろう。ほやの前を通るたびに切ない顔で、食べたいなあ、おいしそう、と言われ続けているうちに（ほやというものは相当おいしいのだろうな）と思うようになった。わたしはいつからか「じゃあ、ほや買おうよ、わたしも食べるよ」と声を掛けて、まんまとほやが好きになった。あのとき「ほやって癖があるからなあ」とか「苦手な人も多いからなあ」と言われていたら、もしかしたらあまりほやを好きでなかったかもしれない。

　不器用ながらもわたしが捌《さば》けるものがふたつあって、それがイカとほやだ。このふたつは、からだのつくりがとても不思議とたいへん剝きやすくできていると思う。ほやの時期になれば、できるだけぱんぱんで、とげとげにハリのあるものを選んで、自宅で捌いて食べる。包丁を入れるたびに、不思議な生き物だなあとその神秘にほれぼれする。

　捌いたほやはざっくりと切って米酢、ちょっとお醤油とお砂糖、細切りの紫蘇をたっぷり混ぜて、じゃばらに切ったきゅうりを手でばきばき折りながら加えて、小さなボウルのままラップをかけて冷蔵庫でしばらく冷やしておく。きょうはほや酢があるぞ、と思って用意をする夕食はとても浮足立つ。日本酒があればなおよい。日本酒が好きになってから、よりほやのおいしさに圧倒されている。ああ、ほやよ。わたしはほやが大好きだ。みんなが好きとだけ言ってくれたらいいのにね。

菊のおひたしと天ぷら

「菊ほしい？」と友人から言われた。ほしい。秋と言えば菊のおひたしだ。受け取ってみると、ポリ袋ぱんぱんに詰まっている。抱えると、ふわっと菊の匂いが漂う。「うわあ、ありがとう！　わたし、菊のおひたしに青じそドレッシングかけて食べるの大好きなんだよ」と言うと、友人は笑いだして「びっくりしたあ、わたしも青じそドレッシングがいちばん合うと思ってたけど、そんな人はじめて会ったよ」と言う。菊は花ごと鋏《はさみ》で切られてあり、まだ花びらがすべて萼《がく》についている。「このかたちのまま天ぷらにするのもおいしいんだよ」「えっ、天ぷら」「そう、塩かけて食べるの」。

わたしは帰宅するとさっそく中くらいのボウルを出して、菊をひとつひとつ毟《むし》って花びらをばらばらにした。この、まとめて何枚もの花びらを毟るときのきもちよさったらない。この前実家に帰ったら、三歳くらいのわたしが満面の笑みで同じ作業をしている写真が出てきた。菊の花びらまみれでこれ以上ない笑みを浮かべている。三つ子の魂百まで。菊のおひたしを作る工程がわたしは昔から大好きなのだ。花占いのように一枚一枚引っ張っていたら埒《らち》が明かない。二回か三回に分けて豪快に引っ掴んで抜くのだ。少し大きめのボウルにしたはずなのに、あっという間に花びらは山盛りになった。大きくて花びらが多い花だけ、毟らずに六つほどとっておいた。天ぷらにもしてみよう。

沸かした湯に花びらを放つと、軽い花びらはなかなか湯に沈まない。菜箸で押し込むようにお湯にくぐらせると、薄い黄色がぱっと濃い黄色になる。すぐにざるに上げて冷ましておく。

天ぷらは、やったことがないから塩梅がわからないけれど、からっと軽く食べるのがいいような気がした。天ぷら粉を少し薄めにのばして、花をくぐらせて熱した油へ放つと、わっ！　と花びらひとつひとつが背伸びをするように広がって、花が開いたようになって綺麗だった。感動して「おお」と声が出た。生でも食べられる花びらだから、衣に火が通ったらすぐに上げる。塩をぱらっとかけて味見して、あまりの香りのよさに悶《もだ》えた。菊の匂いがぎゅっと凝縮されて、甘い。なによりも花をそのまま食べているような背徳感がたまらない。これはいい、これはいいとすべてあっという間に天ぷらにした。

初夏にニセアカシアの天ぷらを作るときもそうだが、花を揚げるときの妙な高揚は何にもたとえがたい。

菊のおひたしはお皿の上で輝くような黄色を湛《たた》えている。あんなに多かった花びらもおひたしになるとぐっと体積が小さくなる。箸で一掴み小皿に盛りながら（これでいったい花びら何枚だろう）と思う。青じそドレッシングをかけて食べる。きゅっ、とした歯触りと菊の香り、甘み、ほんの少しの苦み。たまらない。すぐにもう一掴み食べる。黄色い花をたくさん食べるなんて、妖しいばけものみたいでちょっとかっこいいじゃない、と菊を食べるたびに思う。

せり鍋

はじめてせり鍋を食べたのは、大学二年生の冬だったと思う。短歌サークルのみんなで歌会を終えて、たしかその日はだれかの誕生日だったとかで、ちょっと奮発しておいしいもの食べよう、という流れになったのだ。そこで宮城出身のだれかが「やっぱりせり鍋でしょう」と言い出した。「そうだよねえ」と咄嗟に知ったかぶって答えたけれど、せり鍋が宮城の冬の風物詩だということはそのとき知った。

卓上にカセットコンロと大きな土鍋が運ばれてきて、わたしたちはお酒や小皿を脇に寄せる。じゃーん、と蓋を開けて驚いた。根っこ！　せりの根っこがあまりにも強烈な存在感を放っている。「根っこ」と思わず口に出すと、頼んだ張本人は「これがおいしいんだよお」と言い、「いや、実は俺も最初はぎょっとしたけど、これがおいしいんだよお、と言えるようになるとかっこいい宮城の大人って感じがするわけよ」と付け足して笑った。

空いたグラスを下げに来た店員さんが「せりの追加もありますので」とほほ笑んだのを、わたしはすっかりブラックジョークだと思った。だってこんなに鍋に山盛りになったせりをお代わりだなんて！　しかしせりにはあっという間に火が通って、くたっとなると適量に見えた。そして、鍋を取り分けるとせりは奪い合いになったのだ。みんな肉よりもせりをたくさん食べようとするから、せりは一瞬ですっからかんになった。

澄んだスープに、鶏肉、お豆腐、ねぎ、そしてせり。わたしは思い切って根っこを食べてみた。「！」と自分の頭上に大きなびっくりマークが表示されるのがわかった。う、うまい！　深みのあるスープに、せりの野性的な土の香りがなんとも合う。じゃりじゃりするんじゃないかと思っていたけれど、きれいに洗われた根っこはさくさくと歯ごたえもよく噛むほどにおいしい。

「これはだめだわ」とそのおいしさに仰け反りながら日本酒を頼みはじめる人がいて、あとはもうべろべろだった。鍋の湯気を挟んでする会話はいつだってたのしい。

一昨年の二月、仙台での仕事帰りに、わたしは（何も買わないぞ）と何度も唱えながら仙台駅を歩いた。ウエディングドレスを着るために痩せる、そのためにすべてのおいしそうなものを見ないようにしていたのだ。しかし、八百屋さんの立派なせりは目に留まった。丁寧に洗われたせりの根はきっぱりと白く太く伸びていて、わしっとボリュームのある一束で何と百五十円。立派なせり、しかも安い！　迷わず買って新幹線に乗った。

せりだけ持って盛岡に帰って、すぐに鍋の支度をした。ざくざくとせりを切る音がうれしい。仕事から帰ってきた夫に「きょうはせり鍋だよ」と言うと、宮城出身の夫はぱあっと明るい顔で鍋を覗《のぞ》き込んでくる。すると夫が得意げに「せり鍋ってやっぱりなんと言っても根っこがおいしいんだよ」と言うので吹き出した。やっぱり、宮城出身の人ってみんなそう言う。わたしも今度言ってみたい、やっぱり根っこだよね、って。

わかめ

鮮魚コーナーに生のわかめが並び始めた。湯通しされていないわかめは濃い琥珀色《こはくいろ》をしていて、茶色いまま濡《ぬ》れて透き通っている。ああ、春の兆しだ！　それだけで明るい気持ちになる。新鮮な生わかめはパックにぱんぱんに詰め込まれて百六十円。こんなに安くていいのかしら。迷わずかごに入れる。今年もこの季節がやってきましたか。となればレタスとえのきと、鰤《ぶり》のお刺身も買わねば。今夜はわかめと鰤のしゃぶしゃぶ！

家に帰ってすぐ支度をする。鍋には昆布と水を入れておく。レタスはまるまるひと玉ざっくりと細切りにし、えのきは半分の長さに切ってほぐす。祖母から貰った長葱がたっぷりあるので二本斜めに薄切りにする（このしゃぶしゃぶは、葱が多ければ多いほどおいしい）。わかめは生のまま大きめに切る。取り皿にはゆずポン酢と柚子胡椒を入れておく。よし、あとは食べるだけ！　カセットコンロを取りに行く足がスキップをしそうだ。

鍋に湯を沸かし、昆布がぺろーんと大きくなってきたら、レタスとえのきと長葱をどっさりと入れる。あっという間にしんなりするレタスは火が通っても明るい黄緑色でうれしい。そこに、わかめを入れる。毎年やっているはずなのに「見て見て！」と言いたくなる。茶色いわかめは、お湯に触れたところからぱあっと鮮やかな緑色になる。これが本当に美しい。何度見ても感動する。そして、わかめでレタスとえのきと長葱をゆわっと巻き込むように包んで、柚子胡椒を入れたポン酢につけて食べるのだ。

わかめのしゃきしゃきとした歯ごたえ。ああ、春だ。火の通ったレタスの甘み、長葱がとろっとして、えのきがつるんとして、おいしい。わかめの、ひらひらと薄いところのなめらかな舌触りと、茎のしゃくしゃくぬるっとした食感がたまらない。ほんのりと磯の香りがする。いくらでも食べられる。脂ののった鰤もしゃぶしゃぶにして食べるととろけるようにおいしい。日本酒を開けてすいすい飲む。きょうはしゃぶしゃぶにしたけれど、細切りの大根と紫蘇とサラダにして食べたり、絹豆腐の味噌汁にたっぷり入れたり、細かく刻んで混ぜ込みのわかめご飯にしたっていい。また買おう。

新鮮な生のわかめをたっぷり食べられるなんて、とても幸せなことだ。海の幸や野菜や山菜やきのこなど、旬に食べるととびっきりにおいしい食材をおうちで思う存分に調理できるとき、東北に暮らしていてよかったなあと思う。鮮度がいのちならば、なるべくそこに近いところに暮らしていたほうが旬の喜びを安く早く手に入れられる。東京でだっておいしいものは食べられるけど、こんなに安くてたっぷり、思う存分に、とはなかなかいかない。

春が近づいていると思うとそわそわするけれど、わたしは冬も好きだからさみしいような気もする。あまりに雪の少ない冬らしくない冬に思いを馳《は》せながら、わたしは魔法のようにわかめが緑色になるのを見ていた。

うーめん

滅多に体調を崩さない夫が熱を出した。本当に普段からからだが丈夫でいつも元気でいる人なので、そもそも弱っているところを見たことがない。わたしは慌てふためいた。わたしは体調を崩しやすいので夫から看病してもらってばかりいるが、いざこちらが看病をしようと思うと何からすればいいのかわからない。とりあえずお粥《かゆ》を炊いたが、夫はお粥があまり得意ではないはずだ。どうしよう。わたしはお粥が大好きなので、大概の体調不良をお粥で乗り越えている。頼りになる友人たちに「具合が悪いときなにを食べたくなるものか」と訊《たず》ねまくった。その中のひとりが「具の入っていないあったかいうーめん」と言った。

うーめん、そういえばそんなものがあったなあと思いつつ、とりあえず必要なものを買うために大きなドラッグストアを歩き回っていたら、なんとそこにあったのだ、「白石うーめん」が。

仙台に住んでいた頃、宮城のスーパーにはうーめんが必ず並んでいたが、実際に自分が手に取ることはなかった。なんか、短い、ちょっと太い乾麺。という程度の認識をしていたが、手に取ってみるとやはり不安になるくらい短い。

それにしても「うーめん」って、響きがかわいい。にゅうめんでもなく、そうめんでもなく、うーめん。うーめんって一体何なのだろうと調べてみると。江戸時代に鈴木味《み》右衛門《えもん》（味右衛門!?）という人が父親の胃病をよくするために、旅の僧侶から油を使わずに麺を作る方法を教えられて作ったのがはじまり、とあり、思った以上の歴史に驚いた。はじめから胃にやさしいことを目的として作られた麺だとは。体調の悪い夫に出すにはぴったりだ。〝味右衛門の父を想う温かい気持ちに感動し、この麺を「温麺」と書いて「うーめん」と名付けた〟とのことだが、なぜその読みが「うーめん」になるのか、まだわたしは納得できていない。

大きな鍋に湯を沸かし、うーめんを放つ。わっ、とお湯が白く濁り、短い麺が躍るように鍋に浮く。手にしたときはその短さに（足りるの？）と不安だったが、一束茹でてみたら普通の乾麺のひとり分よりもむしろ多く感じた。めんつゆを薄めに温めて、よりやわらかくするために少し長めに茹でたうーめんにかける。なんてシンプル。「具の入っていないあったかいうーめん」だからこそいい、具はないほうがいいとその子が言っていたのでその通りにした。

寝室でうーめんを食べた夫から〈おいしい！〉とメッセージが来た。よかった。思ったよりも麺が多かったので、わたしも同じものを食べた。麺の短さは小さめのひとくちにちょうどいい。啜らなくてよいので噎《む》せることもなく、体力を奪われずに箸を進めることができる。もちっとするけれど歯切れよくするんと喉を通る麺。やわらかいのに、コシがある。絶妙なやさしさの麺でおいしい。体調が悪い日も、胃を少し休めたい日にもちょうどよさそうだ。うーめん、いいぞ。このやさしさ、覚えた。

笹かまぼこ

スーパーへ行くとおせちやお雑煮のためのコーナーができていて年の瀬を感じる。栗きんとん、伊達巻き、あんこ、数の子。そして、かまぼこ。クリスマスの飾りつけとお正月の飾りつけが同居しているにぎやかなスーパーはそこにいるだけでうれしく、同時に一年の過ぎる速さに驚く。

「おうちでお正月」と書かれたコーナーには板かまぼこが数種類並んでいる。日常の食卓のために板かまぼこを買うことがあまりないので、毎年この季節に「ああ、かまぼこってこのくらいの値段がするんだっけ」と思い出す。やはり紅白揃えて買いたいような気もするし、紅《あか》だけあればいいような気もするし。どちらにしても思ったより高い。けれどたぶん、いよいよ年末という日付になったらこれ、もっと値段が上がるような気がする。三つ葉だっていつもそうだ。直前に買おうとすれば「ええっ、高い！」と目が飛び出て、それでも必要だからしぶしぶ買うことになる。さてどうしよう、買うか買うまいか……。とはいえ年末まではまだ少し日数がある、もう少し考えよう。

スーパーを後にして、用事のために盛岡駅へ向かう。担当さんにいただいたお歳暮に何かお返しをしないといけない。岩手、東北のお土産を眺めながら、ふと目に留まったのが笹かまだった。かまぼこのことを考えていたわたしは、猛烈に笹かまを食べたくなった。お歳暮のお返しのことを後回しにして、笹かまを夫の分と二枚買って帰った。

本当は夕食の酒の肴《さかな》にでも、と思って買ったはずだったのに帰宅するとどっと疲れており、お腹も空いていた。わたしは夕飯の支度をする前に我慢ならずに笹かまを開封した。久しぶりに手に持った笹かまは、記憶よりもずっと分厚く、ずっと上品な白さで、ずっと弾力があった。思わず蛍光灯に掲げて「おお」と言ってしまう。笹形のやさしい丸みには気品もある。大きくひとくち食べる。むちん、と歯切れがよく、魚の風味と甘みとなめらかでみっちりとした歯ごたえが堪らない。いつだって笹かまはおいしい、と思っているけれど、実際に食べる機会はそんなになく、食べるたびに毎回「こんなにおいしかったっけ」と感動する。ああ、おいしい、笹かまっておいしい。なくなっちゃう、と思いながらあっという間に平らげる。

学生時代仙台に暮らしていた頃は、実家に帰るたびに笹かまをお土産に買って帰っていた。買って帰れば自分も食べることができるからだ。チーズ入り、生姜入り、豆腐入り、牛タン入り、変わり種もいろいろあってたのしく、さつま揚げもおいしい。何度笹かまをお土産にしても「また?」と飽きられることは一切なく、「笹かまだ!」と喜ばれる。かまぼこと言われればテンションが上がるようになったのは仙台に暮らしていたおかげだと思う。いま、さまざまな土地に仕事で訪れるようになり、案外かまぼこの有名な土地は多いのだと知った。けれどどこへ行っても、宮城の笹かまがいちばんおいしいもん、と思ってしまう。

お米は貰うもの

家庭用の精米機を手に入れた。義弟が夫へのプレゼントとして購入してくれたもので、大きさは炊飯器とほとんど同じくらいだ。

ありがたいことに、わたしは人生で一度もお米を買ったことがない。お米と言えば「おばあちゃんから貰うもの」なのだ。大学に入って仙台で暮らし始めて、同級生がスーパーでお米を買っているのを見て驚いた。スーパーに売っているお米、本当に買う人っているんだ。お米ならいくらでも持っていけと言ってくれる祖母のありがたさを想った。祖母の家から帰るときはいつも米袋にぱんぱんにお米を入れて、車の荷台によいしょとのっけて帰っていたけれど、それがこんなに高価なものとは。それからはスーパーのお米売り場を通るたびに、ありがたや、と思うようになった。

わたしの祖母は岩手県、夫の祖母は山形県でそれぞれお米を作っているので、結婚したことにより、なんと、お米が貰える先が二倍になった。お互いの祖母が「お米は要る？」と訊《き》いてくれるのだ。夫の祖母からいただくお米は「雪若丸」の玄米。これを精米所で一気に精米するのもいいけれど、毎食ごとに精米できる家庭用精米機があるとよりお米がおいしいらしい。ずっと興味があったが、その精米機がついに我が家に来た。

一合から精米でき、玄米から白米まで、三分づき、五分づき、七分づき、と段階を選ぶこともできる。撹拌式なのでミキサーのような大きな音は出るけれど、ものの数分できれいに精米が仕上がる。米を研ぎ、水を入れて炊飯すると、これがまあ、すばらしいものだった。

炊飯器を開けると、ぶわ、とご飯の匂いが一気に天井まで駆け上がって、部屋全体が炊き立てのご飯の匂いになる。お釜を覗くと、美しい。米粒がふっくらと立ち、静かに透けながら白く輝いている。わたしの大好きなお米「つや姫」を彷彿《ほうふつ》とさせる美しい白さで、ひと粒が大きい。しゃもじを入れて切るように混ぜるときにはもう、早く食べたくてその場でじたばたと駆け足をしたい衝動に駆られた。

厨に立つ人間の特権。それは、つまみ食いである。まずは炊き立てのご飯をしゃもじにひとくち分盛り、濡らした左手にほいっとのせて食べた。口の中で際立つしっかりとした米粒。噛めば噛むほど唾液が溢《あふ》れ出すような甘み。つくう。とひとりでに声が出て、もうひとくち取って、今度は「のだ塩」をぱらりとかけて食べる。ああ、おいしすぎる。はふはふと言いながら、うっかり立ったままお茶碗半分くらい食べてしまった。二合炊いておいて本当によかった。

炊き立てのご飯ってそれだけでもうご馳走だ。たらこをのせると夫は「百点！」と喜んで拍手した。炊き立てのご飯、たらこ、お味噌汁。どんなお洒落なディナーよりすばらしい夕餉《ゆうげ》になった。

おいしいご飯を頬張り放題なのも、もしかすると東北に生まれ育った恩恵かもしれないな、と思う。「お米は貰うもの」と思える暮らしはどう考えたってしあわせである。

きりたんぽ

秋田出身の友人から、きりたんぽ鍋のセットが届いた。誕生日プレゼントのクール便が届くから受け取ってほしいとだけ言われていて、一体何が届くのかどきどきしていたが、宅配便のお兄さんが抱えてきてくれた箱にきりたんぽ鍋のかわいらしい絵が描かれていて胸が高鳴った。

お鍋と言えば自分で具材やスープを用意して自宅で作ることがほとんどで、いわゆるお取り寄せの鍋セットをいただくのは初めてだった。箱を開いて驚く。すべての具材が丁寧に揃っている。お肉などは既に食べやすくカットされていて、こちらはほとんど鍋とコンロを用意すればよいだけ。きりたんぽ、だまこ餅、比内地鶏肉、比内地鶏スープ、せり、ねぎ、舞茸、糸こんにゃく、笹がきごぼう。ひとつずつ箱から出し、じゅる、と口の中に唾液が溢れてくるのがわかった。

岩手に住むわたしにきりたんぽを食べる機会は少なく、きりたんぽとはどこかアイコニックな存在である。下手すると食卓で見る機会よりも、秋田の象徴としてイラストのきりたんぽを見ることのほうが多いかもしれない。スーパーで売られているきりたんぽを使った鍋を食べたことがあるのだが、正直なところ、ぼそぼそとした食感で米の味も感じられず、あまり得意ではなかった。いつか本場のものを食べてみたいと思っていた。

待望の、秋田直送のお手本のようなきりたんぽ鍋である。わたしは鼻息を荒くして早速作った。袋からきりたんぽを取り出すと、やわらかい！　スーパーで購入する日持ちのするきりたんぽは乾燥していて軽く、硬いという印象があった。ところが手焼きで一本一本作っているというそのきりたんぽはずっしりと重くやわらかい。お米だぞ！　という重さだった。はじめて見る「だまこ餅」は、きりたんぽと同じようにすりつぶした白飯を丸く成形したものらしい。きりたんぽと違って焼き目がないため真っ白で、よりぶわぶわとやわらかい。

完成したきりたんぽ鍋は美しかった。たまらなくなって椅子から腰を浮かせて器によそって、早速きりたんぽを食べる。わ、おいしい。比内地鶏のスープがきりたんぽの筒の穴の内側にひたひたに染みて、外側の焦げ目は香ばしい。ねっちりとしていてうまみがある。締めの雑炊とは違う、我こそがこの鍋の主役なのだと腕組みをしているような食べ応え。きりたんぽってこんなにおいしかったのか。もっと早く知りたかった。だまこ餅はきりたんぽに比べてさらにやわらかく、ダイレクトに米の甘さを感じられてこちらも大変おいしい。せりとごぼうの風味もすばらしい。すべての具が必要不可欠で、お米の味をしみじみと感じる。寒い季節にこうしてお米のありがたさを感じるのはとても豊かな行為だと思った。

夢中で食べ終えるとお腹がいっぱいで苦しくて動けなくなった。きりたんぽはお米だから、たくさん食べれば当然お腹にずっしりとくる。その日は冬眠をする熊のようにぐっすりと眠った。

たらきく

今年はたらきくがいつもよりも安く、ぷりぷりな気がする。鮮魚コーナーに行くたびに買おうか買うまいか迷う。「たらきく」というのは鱈《たら》の白子のことなのだけれど、そう呼ぶのは岩手や宮城を中心とした東北が多いらしく、東京へ行ったときに編集さんと飲みながら「たらきくが好きなんですよ」と言うと、なんですかそれと言われて驚いた。

たらきくは、居酒屋であればポン酢で食べたり天ぷらで食べたりするのがすきだ。舌先でぷちん、とはじければ濃厚な味わいが口いっぱいに広がる。たらきくは結構リッチなメニューであることが多く、大人数で居酒屋へ行くときは何皿頼むべきかいつも賭けのようになる。天ぷら、たったの四つ！　と慄きながらも、一個一個をたいそう大事にいただきながら日本酒を飲むのだ。

学生時代仙台にいたころは、たらきくの麻婆を出してくれる店があってそれが大好きだった。贅沢にも、その名の通り麻婆豆腐の豆腐の部分が白子になっているのだけれど、クリーミーな白子とガツンと辛く痺れる赤黒い麻婆の相性がすばらしく、冬が近づくたびにそれを食べるのがたのしみだった。

しかし、家でたらきくを食べるのは、わたしにとっては少しハードルが高い。スーパーの鮮魚売り場で買うたらきくには当たり外れがあるし、夫があまりたらきくを好きではないため、ほとんどわたしひとりで平らげる必要がある。スーパーで売られるたらきくは量が多く、ひとりで食べきるのには自信がなかった。それが、先日「たらきくは昆布締めにして、それをグリルで焼いて食べるのがおいしい」と聞いて、どうしてもやってみたくてたまらなくなった。ぜったいにやろう、と思っていた矢先、どう見ても鮮度がよく、ぷりんと分厚く真っ白で、量もちょうどいいたらきくが、飛び上がるほど安く売られていたので買った。

レジ袋の中の、てろん、と白いたらきくを覗き込んで、たらきくたらきく、と口ずさんで帰った。しかしいざ台所に着くと、たらきくの味噌汁が食べたくて仕方がなくなってしまった。ポン酢も天ぷらもお店で食べることができるけれど、たらきくの味噌汁は自分で作るのがいちばんおいしい。昆布締め焼きはまた今度。今季初のたらきくは味噌汁にしようと決めた。

翌朝、小鍋に湯を沸かした。顆粒だしを少し多めに溶かして長葱を斜めに切ったのをたくさん入れる。てのひらの上で絹豆腐を切って入れ、たらきくを手でつかみ、ぷち、ぷち、とちぎって入れる。味噌を溶いて、すぐに椀によそう。

いつ雪が降りだしてもおかしくない寒い朝、たらきくの味噌汁からはむわむわと湯気が立った。たらきくのもったりとした白さがうつくしく、正真正銘の冬のご馳走だった。ひとくち啜ると、たらきくのうまみが味噌とよく合ってたいへんおいしい。ああ、冬だ。たらきくの白さと長葱の白さと絹豆腐の白さを順番にからだに取り込むのだ。雪の白さがいつ来てもいいように。

風を飲む

日本酒が好きだ。東北に住んでいたら好きになった。

わたしはお酒が強くない。お酒の場が好きなのでよほど飲むのだろうと思われていることも多いのだけれど、缶ビールひと缶で、いや、本当を言えばその缶ビールをふたつのグラスに分け合うくらいで満足できる。甘いものがあまり得意ではないので、お酒を飲むときも、チューハイやカクテルの類は甘ったるくて飲めない。となると学生のときの飲み会ではビールかハイボールかワイン、たまにウィスキー、ということになり、どうしても酒が強い人間のようなチョイスになってしまう。大学生のときは、日本酒という選択肢がほとんどなかった。

就職のために仙台から盛岡に戻り、会社員としていくつもの飲み会に参加するようになってから、わたしの人生に突如「日本酒」という選択肢が現れた。日本酒のことをもっと甘かったり、辛かったりするものだと思っていたのだけれど、東北の人に勧められて飲む日本酒はどれもすっきりとしていて、なんというか、去り際がとてもかっこいい。日本酒を飲む年上の大人たちはみな妙に知的で、やつれて見えた。大きなジョッキをテーブルの上でぶつけ合って大笑いするのではなくて、小さなおちょこを会釈のようにくっつけて、ぼそぼそと喋る。その感じになんだか憧れた。おちょこをもう一つ頼んで貰って飲んでいるうちに、どうやら日本酒が自分のからだにとても合っていることに気が付いた。酔うと頭痛がしたりすぐに眠くなったりしていたのだけれど、日本酒はからだの内側から押し出されるように温かく酔うのが気持ちよく、一緒に水をたくさん飲んでいれば翌日にはほとんど響かなかった。日本酒なら、ゆっくりたくさん飲める。おまけに、一緒に食べているお料理がますますおいしく感じられる。どんこの肝和えを食べながら、そこにくくっと日本酒を飲んだ日には、しあわせに向かってまっすぐに風が吹くような気持ちよさがある。

日本酒が好きかもしれない。そう言うと、日本酒好きな人たちはそら来たと言わんばかりにわたしを取り囲んで目を輝かせ、「これがおいしいんだ」とおいしいお酒をどんどん目の前に出してくるようになった。東北には途方に暮れるほどたくさんのすばらしい日本酒があること、日本酒を飲みながら飲むお冷もとてもおいしいことを知った。こんなにいろいろな日本酒を教えてもらっているのに、わたしは一向に日本酒に詳しくならない。いつまでも「これを飲んでみてよ」「うわ、おいしい！」を繰り返している。

わたしがおいしそうに飲むのをうれしそうに見ている人の顔ばかり見て、ラベルをぜんぜん覚えられない。

日本酒が得意になったかもしれない！　と勇んで出張先でもさまざま飲んでみたのだけれど、東北以外の日本酒はしっくりこないことに気が付いた。おいしいのだけれど、染み渡らない。北海道や新潟などは親近感があるのだが、関東や関西は変に酔ってしまった。知り合った蔵元《くらもと》さんにその話をすると、「日本酒は空気と水なので」と言っていた。だとするとわたしは東北の空気と水が好きなのかもしれなかった。日本酒を飲んでいると、昔住んでいた、まわりが田んぼだらけの祖母の家の庭で、ぐーんと背伸びをしたときのようなひろびろとした気持ちがする。金色の稲は何度も風を絡ませて揺れる。だから日本酒を飲むと風を飲むような心地がして、それって神様みたいで、かっこいい。

自炊は調律

「自炊が好きなんてえらいですね」
と言われると、不服で眉毛がくっつきそうになる。わたしは自炊が好きだけれど、その事実をあなたがあなたを蔑むために使ってほしくない。自炊が好きなのはわたしの勝手だ。あなたが自炊が苦手なことをあなたの短所だと思うことは、わたしには関係ない。しかし、自炊が好きだと言うと、まあ、何度もそう言われる。

パスコのフォカッチャをトースターで強めに焼き、包丁で切れ目を入れる。そこにマスタードとオリーブオイルとレモン塩を混ぜたソースを、スプーンを入れて塗る。フリルレタスをぎゅうぎゅうに押し込んだら、最後に薄切りにしたカマンベールチーズと生ハムを挟む。カフェオレを淹《い》れ、それを日曜日の朝ご飯とする。ひとくち齧るとふはは、お店じゃんと思う。そのときの、自分の人生をまるごと肯定できるような喜びのことをわたしは知っている。家で作るものがいちばんおいしい、と思ったことがある人にしか摑めない人生がある。大げさでなくそう思う。ゆとりがないときにこそ（たのむ）と菜箸を握るわたしたちに、どうかよい人生が訪れますように、と祈るような気持ちになる。

わたしが大切にしたいことは「いま食べたいものをいま食べる」ということで、それは外食でも叶う。ときに、ミスタードーナツの汁そばや、なか卯の冷やし担々うどんでしか埋まらない心の穴というものも絶対にある。自炊をするのはいま食べたいものはわたしが作るのがいちばん安くて早いから。それに尽きる。わたしがいま最も欲しているものをいちばん上手に再現できるのはいつだってわたしの菜箸なのだ。

わたしの自炊は、趣味ではない。調律だ。人生に、自分で料理を作らなければ自分を保てない時間がたくさんあって、わたしは何度だってこの菜箸で、自分自身を調律していた。人生に余裕があるから自炊をたのしんでいるのではない。余裕がない人生のなかで、自分の人生に納得するためのその手段が自炊だった。

だから、わたしは料理のできない人のほうがうらやましいときがある。自炊以外の方法で自分を調律できるのなら、それはいいことだ思う。料理ができることやそれを家族に振舞うことは、必須のスキルではない。やらなくて済むならやらなくていいことだと思う。世の中には数えきれないほど便利なサービスや、魅力的なお店、企業努力の結晶のような市販品がある。自炊でなくとも、ほっぺの落ちるようなおいしさに巡り合い、からだをいたわり健康的に生きることができる世の中に、既になっている。料理は愛だけれど、料理だけが愛ではない。自分の作ったものをだれかに食べてもらって、その人においしいと言ってもらいたいと思うのはわたしの大変個人的な欲望だ。

だから、あなたが自炊をできないことはわたしには関係ない。自炊できないと自虐されても、わたしはあなたを笑って赦せない。わたしが自炊を好きになったのは、自分で作るしか自分を調律する方法がなかったからだ。自炊ができないという自虐をされると、わたしのこの調律を、人生に縋《すが》りつくために費やした時間を嗤《わら》われたような気持ちになってしまう。どうかわたしの前で、自炊ができないという自虐をしないでほしい。自虐するほど自炊ができるようになりたいのなら、ひとつでも自分の得意料理を増やしてほしい。あなたが自分の自炊を自虐するとき、わたしの自炊も傷つく。

この人生どうなるんだろう、と思っているときに、逃げるように熱中することのできるものが「書くこと」と「自炊」だった。書いている間と、菜箸を握っている間だけは、わたしのからだに虹色の膜が張って、すべての不安から守られているような心地がした。どれだけ自分を粗雑に扱いたくなるような投げやりな夜があっても、書けば、原稿ができる。作れば、料理ができる。執筆と自炊に集中している時間だけが救いだった。うまく書けるようになりたい、おいしく作れるようになりたい。十代から、そのふたつだけはわたしの中で揺るがない熱意だった。

「そんなに書けてすごいですね」

「自炊が好きなんてえらいですね」

そう言われるたびに、やっぱり、書かずにいられなかった自分と、自炊をしなければやっていけなかった自分がうっすらと傷つく。世の中には書かなくても、自炊しなくても暮らしていける人生があるのだという事実がわたしを追い詰める。書かなくていいなら書かなかった。作らなくていいなら作らなかった。努力して続けてきたのではなくて、わたしはそのふたつにとり憑《つ》かれていてやめることができなかった。後ろめたくやりきれない、けれどだからこそ書くことと自炊にはプライドがあるのだと思う。どちらもやめてよければやめたかった、と言いつつ、いつの間にかそれが自分の人生に必須の両軸になっていた。いつの間にか書くことも自炊もあまりにもたのしく、わたしにはそれを取り上げられた人生のことを想像できない。

フォカッチャに噛みつくと、がりり、と音がして、カマンベールチーズと生ハムの塩味、レモンの酸味がくる。ざくざくとレタスを噛み締めながら思う。わたしはこころにゆとりがない日ほど、自炊をしたくなる。自炊をしながら、大丈夫だよ、と自分に言ってあげたくなるのだと思う。湯を沸かし、櫂《かい》を漕《こ》ぐように菜箸を動かしているうちにいつの間にか不安からずっと遠くに来て、目の前には湯気の立つ食事が出来上がる。歪《ゆが》んだり傾いていたりしたこころが、調律されてふっくらとあたたかい。自分の作ったものは自分の思っている味がして、おいしい。わたしはその興奮と安心に、何度でも救われている。

たまご丼

ときどき、家でひとりの昼食に無性に食べたくなるものがあって、それをわたしは「たまご丼」と呼んでいる。必要なものは白飯と卵とサラダ油とごま油とお醬油。冷凍ご飯をチンしている間に茶碗を用意して、そこで卵を溶く。卵はほんとうは一個でいいのだけれど、仕事がうまく進まずにむしゃくしゃしているような日は二個でもよい（ただしその場合はご飯も多めに用意したほうがいい）。卵は白身がざっと切れていればそこまで細かく溶く必要はない。小さめのフライパンに（ちょっと多かったかな）と思うくらいのサラダ油を入れて、そこに（あーあ）と思うくらいのごま油を足す。最初から強火にして、どう考えても熱くなったな、と思うくらいまで熱する。そこに卵液を素早く加える。じゅわ！　と思ったより大きな音が鳴って、ごま油の香りが立ってくるから慌てて換気扇のスイッチを入れる。みるみる卵に火が通るから、熱された油を卵に通すように、丸い輪郭を切って大きく二、三度菜箸で混ぜて火を止める。もうちょっと火を通したいなと思うくらいで触るのをやめて、卵液の残っている茶碗に温まったご飯を盛る。そこにフライパンで熱された油ごと、たまごをのせる。ほんの数十秒余熱が入っただけでたまごは完璧な半熟になり、油で濡れてぎらぎらと光っている。そのたまごの上にお醬油をしっかり回しかける。だし醤油でも最高だけれど、あくまでたまごとお醤油だけ。葱だの鰹節だの、余計な飾りをのせたりはしない。ほかほかの白飯に、油でてらてらになった半熟のたまご、そこにお醤油。それだけ。それだけなのがわたしにとって至高のたまご丼である。いそいで食卓へ持って行って、大口ではふはふと食らいつくのがいい。たまごの甘さ、油の香ばしさ、がつんと来るお醤油の塩味。咀嚼《そしやく》するごとにうまみが増してうっとりする。どんぶりでなく茶碗で食べるというポイントも譲れない。炒飯のような一瞬と、たまごかけご飯のような一瞬が時折ある。むちんとした白身の部分と、とろける黄身の部分それぞれによいところがあって、たまご丼はそういうむらを愛するための料理かもしれない。

あっという間に平らげたら、油と醤油と卵液がこびりついた茶碗に水を入れて洗って乾かす。そこまでがこのたまご丼だ。作ってから食べきって片付けるまで、五分くらいで済んでしまう。それから冷たい水をごくごく飲んで、またデスクに向かう。シンプルで豪快ゆえに、このたまご丼以上に家でなければ食べられない料理はないような気がしてくる。

はじめてこれを作ったのは、会社員の頃、休日出勤をしすぎて平日に代休をとらねばならなくなった日の昼だった。折角だからどこかに行こうかと思っていたが、どうして平日の休みまで活動的に過ごさなければならないのかと腹が立った。家でじっとしていたら仕事の電話が何本も掛かってきて、こんなの休みじゃないんですけど！　と頬を膨らませながら作った。適当に作って、行儀が悪いことにシンクの前で立って食べたところ、そのあまりのしっくりくるおいしさに目が開いた。それからというもの、たまご丼は労働の喜びのようなものとして、たまのご褒美のようなお昼ご飯になっている。

パン蒸し

蒸籠《せいろ》好きな友人が多くしょっちゅう蒸籠をお勧めされるが、どうにもその気が起きない。置き場所にも困りそうだし、この片付け嫌いなわたしが蒸籠を清潔な状態で保てるわけがないと思ってしまう。蒸籠をなかなか買わない最も大きな理由として「裏ごし器が便利すぎるから」というのもある。同居をはじめるときに霜鳥製作所の「ホーム裏ごし」という、ステンレス製の円形の粉ふるいのようなものを購入した。それが、裏ごし、粉ふるい、水切り、蒸しのできるとっても機能的なもので、たまたま持っていた鍋と直径も合うため、蒸し器として大変活躍している。お湯をたくさん入れて蒸すことができ、お手入れもふつうのざるのように洗うだけ。蒸す、という工程はいまのところすべてそれで叶っている。

蒸籠好きな友人に、盛岡で「かわのそば」という宿をやっている夫妻がいる。蒸籠好きが高じて大きさ違いで五段くらいの蒸籠を持っており、「盛岡蒸籠部」なる蒸籠料理を堪能する会を不定期に開催している。わたしと夫はこの「かわのそば」の過ごしやすさに心酔しており、疲れがたまるとたまに泊まりに行く。夫妻とともに夕食を食べ、広いバスタブでお風呂に浸《つ》かり、ふかふかの布団に入ると、どれだけ不眠が続いていても嘘のように眠れて疲れがとれる。そして、その「かわのそば」の魅力は、やはり「パン蒸し」である。朝食として提供されているわけではないのだけれど、わたしたちがあまりにもそれを食べるのが好きなので、毎回用意してくださる。パン蒸しとは、蒸しパンとはちがう。たねを蒸してふんわりとした生地が出来上がる蒸しパン、ではなくて、食パンでもカンパーニュでも、すでに焼き上がっているパンを「リベイク」がわりに蒸し器に入れて蒸すのである。

「飲めるよ。パンなのに、飲めるのよ」

とはじめてご馳走になるときにそう言われて、ご冗談をと笑っていたが、実際食べてみると、本当に飲めた。パンなのに、飲むようにするする食べてしまう。食パンであれば八枚切りくらいのものを四等分して、ひとくちサイズにしたパンを蒸籠の中に並べて蒸す。むっちりしゅわしゅわに蒸しあがった温かいパンを、同じ蒸籠のココットの中で溶かしていたバターにたっぷりと浸して、そこに銘々の好きな塩やらスパイスやらをぱらぱら振りかけて食べる。これがまあ、絶品である。パンののどに詰まるような感じが一切なく、じゅんわりとおいしい。トーストならば一枚で十分と思うのに、平気で三枚も四枚も食べ進んでしまう。昨日の夜ご飯のスペアリブの煮汁をつけたり、常連さんの猟師の女性の自家製の鹿ハム（!）とマヨネーズと玉ねぎスライスを挟んだり、マーマレードをつけてみたり。味を変えるとさらに止まらない、たまらない。

「パン蒸し」を味わってからというもの、我が家でのパンの食べ方ももっぱら「焼き」ではなく「蒸し」になった。食パンは四つ切りにして冷凍してあり、いつでも溶かしバターを用意できるように奮発してカルピスバターを買った。休日の朝、鍋のふたを開けてぼふっと湯気を浴びるしあわせったらない。ステンレスの裏ごし器で十分に蒸せるから、まだしばらく蒸籠は買わないだろう。

好きな食べもの

先日、飲み仲間の安藤さんとその知人の山下くんと三人で飲んでいる際に、「好きな食べものはなんですか、と言われたときの最適解は何か」という話題になった。そう、三人の共通の話題があまりにもなかったのだ。安藤さんは「好きな食べものと言われると、どう答えてもばかっぽくなっちゃうじゃないですか。おれいつも悩むんですよね」と困ったような表情で言った。ふむ。「好きな食べものは？」「カレーライスです」。「好きな食べものはなんですか」「唐揚げです」。たしかにまあ、わんぱくっぽさがどうしても出るという意味でばかっぽいかもしれない。わたしは小学生の頃、好きな食べものに「桃」と答えるのがかわい子ぶっているようで恥ずかしくてずっと「柴漬け」と答えていた。柴漬けもたしかに好物ではあるのだが、本当に大好きなのは桃だったから、「人に言う用の好きな食べもの」というものが存在するような気もする。

山下くんは自信満々に「ぼくは餃子が好きです、あと、メンチカツ！」と言う。たしかにわんぱくすぎる感じがした。「ね、ばかっぽくなるでしょう」と安藤さんが笑うのでわたしも笑う。かわいらしくてとてもよいが、ばかっぽい。「じゃあ、れいんさんの好きな食べものはなんですか」と反撃するように山下くんが言うのでわたしは迷いなく「ねぎとろ」と答えた。「ああ……丁度いいっすね。とろだとばかな感じしますけど、ねぎが知性を保ってる」と山下くんが感心するので笑った。とろってばかだろうか。しかも、ねぎが知性？　各々に「ばかっぽい食べもの」の定義があるようでおもしろい。そう考えてみると、好きな食べものを訊ねられて毎回ねぎとろと答えるようになったのは、あんまり深く追及されずに済み、説明も必要なく、自分がどういう好みか一発でわかる食べものだからなのかもしれない。我ながら、パンや麺よりもお米が好きで、肉よりも魚が好きとわかる、バランスのよい回答だと思う。

山下くんは腕組みをして悩んでから「あっ、三番目に好きな食べものは自信あります、なんだと思います？」と言い、散々じらした末に、それがチキン南蛮だったのでわたしと安藤さんは両手を上げてやれやれと呆《あき》れた。唐揚げじゃん、味濃いじゃん、さらにタルタルじゃん、わんぱくだとばかっぽくなるって、言ったじゃん。「ばかじゃないですよ、英語と漢字が入ってるから頭いいじゃないですか、チキンと、南蛮ですよ!?」山下くんが本気でそう訴えてきて、風船が割れるように笑ってしまった。なんだそのばかっぽい主張は。そんなにばかにするなら安藤さんの好きな食べものはなんなんですかっ。悔しがる山下くんに安藤さんは足を組みながら眉を上げ、いかにもセクシーに、自信ありげに言った。

「おれはね、好きな食べもののいちばんいい答えを見つけたんですよ」

「なんですか」

「ざるそばです」

こなれた感が鼻につく、なんか下心がありすぎて最悪。三十代で既にざるそばの境地に行き着いたんだぜおれは的な感じがださいですよ。チキン南蛮のほうがずっとかわいげがある。わたしの口から雪崩《なだれ》のように悪口が出てきて、言いながら自分で笑ってしまった。安藤さんはどうやらそれが本当にようやくたどり着いた最適解だったらしく、そこまで言われます？　と不服そうな顔をしていたが。信用ならない。好きな食べもの、と訊かれて真っ先にざるそばが出てくるなんて、あまりにも無欲すぎる。わたしもざるそばは大好きだけれど、それにしたってなんというか格好つけすぎているような気がする。しかしだ。そう考えるとわたしの「ねぎとろ」だって、本当はもっと好きなネタがあるはずなのに（安くていいんです）という感じが鼻についたりするのだろうか。いや、考えすぎだ。好きな食べものと訊かれたらもっと素直にいま好きな食べものを答えればいい、それだけの話だろう。結局そのあとも三人でお互いの足を引っ張り合うように、それはないよ、それはない、と言い合っているうちにたくさん飲んでしまってお開きとなったが、帰り道でもずっと好きな食べものに正解があるとすればなんだろうと考えてしまった。好きな食べものってむずかしくておもしろい。「好きな食べものはなんですか?」とこれからもっと無邪気に、いろんな人に訊いてみようっと。

献立は大行列

食べることが好きでエッセイを書いていると、たまに読者の方から「献立がなかなか決まらなくて」「自分が何を食べたいかわからないときがあって」とお悩みのようなものを聞くことがある。困ったことに、わたしはそれらの質問にうまくお返事ができない。なぜならわたしは常に四手先くらいの食事まで、何を食べたいか考えている。いつからそうしはじめたのかあまり記憶がないが、気がついたらもうそういう状態なので、自分が何を食べたいのかわからない、という状況に全く共感ができないのだ。まれに、出先のフードコートなどで食べたいものがありすぎて決められなくなることはあるのだけれど、どれにも興味が湧かない、という湖のような平らかな状態で夕飯を考えたことはほとんどない。例えば今は昼前にこれを書いているのだけれど、お昼は昨日の残りのスンドゥブ風スープ（金麦の広告にあさりのインスタント味噌汁とキムチでスンドゥブ風になると書いてあって鶏ガラスープとにんにくと豆板醤《トウバンジャン》も足してやってみたらとてもよかった）に豆腐と卵を落として食べ、夜は自宅での打ち合わせのために予約している寿司折り（先週からとてもたのしみにしている）、明日の朝は冷蔵庫でくたびれているアスパラガスとハムエッグ、昼は買って満足してしまっている大根と納豆のサラダ（納豆と鰹節買ってこなきゃ）、夜はスーパーの塩梅を見つつ寒くなってきたしなんかのお鍋、ああ、ポタージュを朝ご飯に食べる、というのをやってみたいから、安いきのこと玉ねぎを買ってこなければ。あ、冷蔵庫に里芋もあるから明日の夜は里芋の味噌汁でもいいかもしれないな。スーパーに生鮭といくらが並んでいたら何を差し置いてもはらこ飯を作らなければならないし。けれど冷凍庫の鶏肉もそろそろ使わないとな、唐揚げかな……とこういった具合である。安くて旬のものを食べたい、しかし最近作っていない料理も作りたい、新たに気になっているレシピもある、とはいえこの時期定番の料理も外せない、おっと、こんなにいいお肉が三割引きですか、いまこんなチルド麺もあるんだ気になるなあ、あらまあこんなお洒落なオリーブオイルいただいてしまったら蒸し野菜をするしかないんじゃないの、けれどいまいちばん食べたいのはパンだったりして、あいにくパンは家にない。季節を味わうために食べたいもの、作りたいもの、お買い得なもの、いまの気持ちにとにかくフィットするもの、はたまた全部すっ飛ばして外食。献立の候補になるものがあまりにも多すぎて、一列に並んで！　と叫びだしそうになる。一日に夕食が一回しかないことがこころから悔しい。だから、そのときのめぐりあわせでどう崩されても構わないという前提で、きょうのうちに明日の夕飯くらいまでのことを常に考えている。きょうは絶対に豚肉を焼くのだと決めてそれを実行できた一日も、炊き込みご飯を作ると決めて買い物までしていたのにうっかり魚屋さんで見つけた安い刺身と白飯の夕飯になってしまう日も等しくうれしい。食べもののことを考えている時間がたのしくて仕方がないのだ。

つくりおけぬ

作りおきを上手にする人たちのことをとても尊敬している。週末に前菜や主菜の仕込みをしておいて、お昼ご飯のお弁当や忙しい夕飯にそれを活用する。理想だ。理想ではある。しかし、わたしは作りおきを上手にできたためしがない。作っては、おいしいうちにみんな食べてしまうのだ。あるいは作って満足して食べないうちにみるみるおいしくなさそうな状態になってしまい、勿体《もったい》ない……としょぼしょぼしながら悔しい気持ちでしぶしぶ食べたり捨てたりする羽目になる。

わたしは常に翌日の献立までをたのしみに生きているけれど、三、四日先や一週間先まで「食べなければいけない」ことを約束されてしまうのはストレスになるらしい。きょうと明日は小松菜のお浸しを食べたいかもしれないけれど、明後日は明後日食べたい小鉢があると思う。それに、いつ何がスーパーで安くなっているかわからない。いつだれに魅力的な食事の誘いを貰うかわからない。そう思うと、食べたいものを考えて楽しみにしていたい一方で、いつだって鮮やかに裏切られたいとも思っている。わたしはとにかく「そのとき食べたいものを食べる」ことに情熱を注いでいるのかもしれない。

いま、月に一度岩手のローカル番組で食レポをするコーナーを持っている。いつも県肉のさまざまなお店や生産者さんの元を訪ねてうっとりするような食事を堪能させていただく、たのしみな仕事のひとつである。クルーの皆さんとしっかりと昼食を取ったうえでロケ先へ行き、午後三時にナポリタンとラーメンを食べれば、もうその日の食事は本来ならば終えていいと思う。しかし、「食べたいものを食べる」という欲が満たされていないために、夕飯にお刺身とご飯を食べてしまう。自分が食べたいと思うものを食べないとどうにも一日が締まらない。そう思っていたら先日テレビで食レポの得意なタレントさんが同じようなことを言っていたので、そうそう！　とうれしくなった。

加えてわたしは「出来立て」を食べることを何よりのしあわせとしている。作りおきをしてみても二日目以降はどうしても「覇気がない」と感じてしまい、いまいちテンションが上がらない。温め直しても、アレンジをしても、一からの作り立ての食事のうれしさに勝てない。三日分の作りおきにするつもりで作った肉団子も「うひゃあ、出来立ての肉団子ってやっぱりおいしいや」とばくばく食べて数個しか残らない。それは作りおきだけでなく冷凍にも言えることだ。冷凍を活用して下味をつけたり食材をうまく使ったりする方法を目にするたびに（きのこって冷凍してもいいんだ！）などと感動して試してみたりするのだが、結局はミイラのようになったえのきをえいやと味噌汁に放り込むことになる。よく言えばライブ感を大切にしているが、つまるところわたしはあまりにも気分屋で、おまけに計画性がないのだと思う。

いま、白菜半玉とキャベツ半玉を思い立ってすべてナムルにしてみっちりと保存容器に入れて、途方に暮れている。きっといやいや食べきることになる。だってそうしないと冷蔵庫に入らなかったんだもの。

ねぎとろ

どこが「多忙」なのか、いまだにわからない。「忙しすぎる」という理由で会社員を辞めて専業作家になったのに、組織を離れてお金を稼ぐことの不安で仕事の断り方がわからず結局多忙になる。わたしは忙しくなるほどランチや飲み会の予定を入れてしまう。誰かと食事をとることが何よりの癒しだと思っているから、隙間時間にプライベートの予定も詰め込んでしまう。仕事で人と会い、ご飯を食べる。回復のために人と会い、ご飯を食べる。それを繰り返しているうちにあっという間にぽっちゃりとし、胃が疲れて、常時いらいらしている自分が出来上がってしまう。仕事も順調、友人とも会えている。なのにどうしてこんなに自分に納得がいかないのだろう、と、唐突にしゃがみ込んで泣きたくなる日が続く。カレンダーを見るたびに（すべての仕事はわたしが体調不良にならない前提だよなあ）とぼんやり思う。大丈夫かな、ちゃんとやれるかなと泣きだしたくなる。そういうときは大抵「ねぎとろチャンス」である。

わたしは中学生のときからねぎとろが大好物だ。炊き立てのご飯とお醤油が大好きなわたしにとって、ねぎとろ丼は醤油ご飯を豊かに食べるための最善のご飯だった。ねっとりとした食感と、押し寄せるうまみ、爽やかな葱の風味、そこに染み込むお醤油とすべてを受け止める炊き立てのご飯。どんな高いお刺身よりもねぎとろにテンションが上がるこどもだと気づいた親は、何かいいことがあると――それが次第に――何か落ち込むようなことがあると、ねぎとろを夕食にしてくれた。ねぎとろを食べていればわたしはご機嫌になる。それはわたしにとっても、わたしに元気になってほしい親にとってもすばらしい事実だったのだと思う。

社会人になって、会社員と作家のふたつの仕事を同時に抱えて突っ走った四年間、何度かこころが折れそうになるときがあった。何から手をつけていいのかわからないくらいやることばかりが積み上がった日の夜、わたしは営業車の中で「ぬあー」と唐突に声を出し、(なんだその声は)と思ってひとりで笑って、真顔になった。あ、だめだ。限界かも。お腹が空いているのがまずはよくないと思い、そのままスーパーへ寄った。スーパーでは、ジャスミンティーと、いちばん安くて大きなツインシュークリーム(生クリームとカスタード)と、ねぎとろ巻きを買った。そうしてそれを車内でむさぼるように食べた。ねぎとろ巻きが本当においしくて、涙が出た。どれだけ疲れていてもねぎとろがおいしいと思える自分に少し安心した。それからは出先でこころを乱されるようなことがあればジャスミンティーとツインシュークリームを。大丈夫になりたいときはねぎとろ巻きを買うようになった。

それ以来「ねぎとろを食べれば大丈夫」と、こころの中に大きな掛け軸として貼りつくようになった。あまりにも効果てきめんなので普段はねぎとろを食べるのを我慢している。そのくらい、ねぎとろにはここぞというときに効いてもらわないと困るのだ。回転寿司のねぎとろ軍艦やチェーン店のねぎとろ丼でもいいのだが、わたしが最も好きなのは、家で炊いたご飯に市販のねぎとろをのせて作るねぎとろ丼だ。炊飯器をぱかりと開くとき、玉手箱を開ける浦島太郎のようなきもちになる。ああ、これが足りなかったのかもなとぼんやり思う。外食が続くと、炊き立てのご飯の湯気を顔に浴びるということがない。台所の愉しさを思い出して、折角なら汁ものも作ろうかな、とインスタントの味噌汁に長葱を入れて少し煮立たせたりする。ほかほかのご飯を湯気ごと食べる。熱で少し脂が溶けたねぎとろが最高においしい。はあ、おいしい、と思うとやはり安心する。忙しくなると自分が決めたことのはずなのに拗《す》ねたくなって、自分の選択に自信を持てなくなる。そういうとき、自分が何を食べたいのかもわからなくなってしまったりする。だめかも、と思ったらねぎとろ。そう決めてからずいぶん楽になった。「わたしはねぎとろが好きだから、いまねぎとろを食べるという選択をしてげんきになった」と思えることで、きちんと自分が自分のコントロール下にあることを確認できる。わたしが選んで、わたしが気に入っている、大丈夫、大丈夫。と。小さなことかもしれないけれど、参っているときはそういう小さな選択ですら人生を左右するような気もしてしまうのだ。

つらさに寄り添うのはつらさだ、と、会社にいたとき何度も思った。定時で帰る人の「無理しないでね」という言葉よりも、自分よりつらそうな人の「ちゃんと寝ろよ」という言葉のほうが信じられた。仕事がうまくいかないとき、どんな癒しの動画を見ても、温泉に行っても、つらい現実を先延ばしにしているだけのように感じてちっとも癒されなかった。仕事がうまくいかないつらさは、仕事がうまくいくことでしか解消できない。だからわたしは、つらくなると、つらいときに食べていたねぎとろを食べる。

疲れたときに慣れない贅沢をすると、かえって疲れてしまう。そういうときこそわかりきった好物が必要だとわたしは思う。（ああ、そう、この味）と思うと、ぷつんと緊張の糸が切れたように安心できる。好物というよりも、思い出に紐づいている食べ物だからいいのかもしれない。

もしあなたに何を食べたらいいのかわからずにしゃがみ込んでしまうような日が来たら、前にそうやって泣きそうになった自分が何を食べていたのか思い出してみるといい。泣きそうになったら、泣いていた自分が食べていたものを食べる。そうすると、過去の自分が傍《そば》にいてくれて「いまのほうがずっとよくなってるよ」と背中を押してくれたり、「まだそんなこと言ってめそめそして！」と笑い飛ばしてくれる気がする。おいしい、と思う。おいしいから大丈夫、と思う。そうやって明日を迎えられる。

ナッツと言いたかった

残業が続き疲労困憊《こんぱい》の中で、けれどきょうはどうしてもかぼちゃとナッツのサラダを作りたいと思った日があった。ミックスナッツを買って帰るためにこだわりの調味料やよい生ハムを売っているおしゃれなスーパーにふらふらと入ったものの、ナッツ売り場が見当たらない。何度も同じ場所を回るわたしに「何かお探しですか」と店員が話しかけてくれたのだが、そのとき、ぼうっとしていたわたしは、あろうことか「ナッツ」という単語をど忘れした。

「あ、ええと……木の実売り場はどこですか」

縄文人のご来店である。「木の実……ナッツ、でしょうか」店員はほほ笑み、わたしは真っ赤になった。

柿ピーの短刀

とある仕事で、つま先から頭のてっぺんまで、くーっと紫色になりそうなくらい、きついことがあった。怒っても仕方がない、しかし、わたしは全く悪くない。悲しいわけではないけれど、すぐに立ち直れそうにもない。それで気持ちがどうにも落ち着かなくなってしまってノザキに電話を掛けた。ノザキとは京都に住む『桃を煮るひと』のわたしの担当編集であり、もはや友人である。ごめんなさい仕事中に、メールでいい用事だったんだけど別件でちょっとだけ参っちゃって声聞きたくなって、と言うと「えーっ、落ち込んだれいんさんから電話きたあ、うれしい」とノザキはでれでれした。話を聞いてもらい、慰めてもらうとすぐに気持ちが晴れた。ほんと助かりましたと言うと、

「いやあ、わたしもちょうどしんどくて、一昨日《おととい》会社から帰りながら自転車漕いで柿ピーをざらざら食べたんですよ。なんかそれで泣きたくなりながら、でもれいんさんならこういうこと書きそうだなあと思ってうれしくて」

と言われた。疲れ果てた夜に自転車で帰路を走りながら、赤信号を待つたびに柿ピーの袋を口に当ててざらざらぼりぼりと食べる。そのあまりの疲労と自棄と、しかしそこに同居する妙な自尊心のような手触りに想像がついた。予告なく思い出されたその記憶

は発光してあたたかく、わたしは「ああ、それは、いい話だ」としみじみ言った。

疲れ果てて移動中に柿ピーをざらざら食べる。そういう経験がなんとわたしにもある。営業をしていた一時期、遠方へ車で行くときは営業車のドリンクホルダーに柿ピーを入れて、赤信号のたびに引っ掴むようにむさぼりながら運転していた。眠気を防止するためにはミントなどの爽快感よりも、硬いものを食べて顔を動かすのがいちばんだと発見したのだ。仕事を終えて駐車場を出る頃には咀嚼のしすぎで顎の筋肉が痛くなったものだ。

おそらく、ストレスに噛み応えで応戦していた。本当に限界であるとき、人は空虚にはならないと知った。疲弊の先でわたしはぼんやりとしているように見えたかもしれないけれど、それはあまりに速く飛ぶ、鳥の群れのような雑念に襲われているのだった。押しやっていた不安やあとで解決しようとしていたことが整理されないまま同時にこちらへ向かって来る。その黒い靄《もや》をかき分けるには甘味よりも塩味がよく効いた。疲労を薙《な》ぎ払う短刀として柿ピーが必要だった。

自分で選んだことだと己を納得させながら暮らしつつ、わたしもノザキもざらざらと柿ピーを食べていたなんて不思議だ。考えればどうにかなるかもしれないことを、考えたってどうしようもないことだと思うことにして、不安を奥歯ですりつぶすように柿ピーを食べていた。本当はいつ泣き出してもいいと言われたかった。絶対に年内に会おう、と約束して電話を切った。

自炊の緑白黒赤

わたしは盛りつけが好きだ。どのお皿にどうやって盛りつけようか考えながらわくわくと自炊をする。映え、というものを嘲笑《あざわら》う人たちもいるけれど、自分が作った料理の見た目はおいしそうなほうがいいに決まっている。ひとり暮らしの四年間と、ふたり暮らしになってからの三年間、自分の厨で楽しみながら、ひとつの結論にたどり着いた。自炊には大切な「緑」「白」「黒」「赤」がある。出来上がった料理の最後のあしらいのことである。これがあるだけで、なんだかそれっぽくなり、とてもテンションが上がる見た目になる、という四つの色があるとわたしは思う。だから、これからその四色のことを「はじめてのひとり暮らし。おしゃれな自炊に意気込んでいるおいしいものが大好きな姪っ子」に向けて話すつもりで書こうと思う。

まず、いちばん大事なところとして、緑。あらかじめはっきりと言っておく。乾燥パセリを買うんじゃあない。あれはどれだけすばらしいものを作っても、最後にふりかけることですべての料理を野暮ったくする恐怖の粉だ。それっぽくなった、と思うかもしれないが、乾燥パセリはあまりにも自炊の切なさが出るので、こなれ感を出したいならお勧めしない。そもそも乾燥パセリが緑色のうちに使い切るのは至難の業だ。あれはすぐに茶色くなってパセリの風味もなくなる。だからパセリでいい感じにしたいなら、スーパーでブロッコリーのように束になって売っている生のパセリを買うんだ。そして、それを水に挿してわんさか使いなさい。使い切れないな、と思ったら耐熱のお皿にクッキングシートをのせて、その上にちぎったパセリを広げてカラカラになるまでチンしなさい。市販の乾燥パセリよりずっと見栄えがよく、風味もあって濃い緑色になるから。それから、小葱の輪切り。自分の限界まで細かく切って、それを保存容器に入れるか、ぱらぱらに冷凍して、いつでも小葱がある状態を保ちなさい。使い切れない？　そんなわけない、味噌汁か卵焼きにたっぷり混ぜ込めば一束なんてあっという間。あとは青紫蘇。これも細切りにして小さな山のように盛るときれいでおいしい。

それから、白。白ごまと鰹節は安いスーパーでできるだけたっぷり入ったものを買うのがいいね。使うときにみみっちい気持ちにならないほうがいい。わさっ、どさっと使うつもりで大きなのを買おう。百均はすりごまを作れるミルを売っているから、サラダにでも肉を焼いたのにでもスープにでも、ごりごりして入れるといいよ。粒のままいって炊き立てのご飯に塩と一緒に混ぜたり、ナムルにたっぷり入れてもいい。白ごまは使い始めると結構たっぷり消費することになるよ。鰹節は、冷奴でもおひたしでもどっさりのっていたほうがうれしいに決まっているもんね。お醤油と混ぜればおかずにもなるからこれもどっさりだ。洋の白は粉チーズがいいと思うんだけど、折角ならチーズおろしのできるグレーターを買って、細長い粉チーズを作れるようにしておくと、すべてのサラダが高いランチセットのサラダのような見栄えになってテンションが上がるよ。あ、それと長葱ね。白いところを白髪葱にしてのせるとやっぱりかっこいい。細くてこんもりした白髪葱って高級店みたいで興奮するよ。青いところは輪切りにすれば緑もカバーできるし便利な野菜だよぉ。

欠かせないのは黒も。黒胡椒と海苔。黒胡椒は粒のものを買ってミルで挽《ひ》きたてのをふりかければ味もぐっと引き締まる。電動ミルがあるとたいへん捗る。いまいろんな電動ペッパーミルが安いから買ってもいいと思う。グレーターとセットで買ってあげようか。引っ越し祝いってことで、ねえ。それと海苔。海苔は使いはじめると味噌汁の具にしたりチョレギサラダに千切りにして入れたりして結構使うんだけど、ひとり暮らしだと刻み海苔のほうが使いやすいかもしれない。パスタの上にのせたり、和風サラダの上にのせたりするときに細いほうが見栄えもいいからね。

最後に赤。唐辛子とトマト。唐辛子は輪切りのやつと糸唐辛子とあるけど、飾りつけのことだけ考えると糸唐辛子があるとテンションが上がる。ただ、飾りとしてだけだと結構使い切れないから、輪切りの唐辛子でいいかもしれない。入っているだけでちゃんと料理してるなあと思えてうれしいものだ。それからトマトね。ミニトマト、冬場は高いけど、そんなに高くない時期なら常備しておくといいよ。なんとなくぼんやりとした見た目になったなあ、と思うときに、へたごとさっと洗って二粒置いておくだけで手間をかけた感じに見えていいよ。細かく切ってドレッシングと混ぜるだけでも赤がきらきら映える。ピンクペッパー、チリパウダー、パプリカパウダーなんかも意気込んで買っていた時期もあったんだけど、使い切れなくてね。まずはとにかくミニトマトを買うのがいいと思う。お腹空いたときにひょいっと食べるのにもちょうどいいし。

というわけで、緑、白、黒、赤。この四つのどれかが常にある、という状態を保っておくと、いつ何を作りたくなっても安心。彩りなんて二の次でいい、と思っていたときもあったんだけど、やっぱりぱあっとして見えたほうがたのしい。自分の作った料理の見栄えがいいと、また作ろうって気に俄然なるもんだ。盛りつけは、例えば角煮なら「角煮　名店」と調べてみると参考になるし、普段外食で行くお店の盛りつけも観察しはじめるとたのしいよ。

……と、ここまで年下の子を想定して偉そうにいろんなことを言ってしまいましたが、懺悔《ざんげ》します。わたしは最近、食卓に緑色の野菜が足りないな、と思ったら卓上のクリスマスツリーを近くに置けばいいという発見をして、最近は緑色の薬味を常備することなく、食卓にクリスマスツリーを参加させています。

くる

献立に悩むと、猛烈に白髪ねぎを作りたくなることがある。こってりした角煮でもいいし、テールスープでもいいし、しゃぶしゃぶにたっぷり入れてもいいし、肉団子や酢豚でもいい。白髪ねぎを食べたい気持ちよりも、白髪ねぎを拵えたい気持ちが勝っている。そういう日がある。わたしはあの日から、白髪ねぎを作るという行為が特別な儀式のようになったのだ。

二年前、仕事の関係でとある料理教室の手伝いをした。とても人のよさそうな優しい顔つきの高齢女性がきょうの先生だという。傍にはお弟子さんのような女性スタッフがふたりいて、しきりに「先生、ご無理せずに座ってください」と声を掛けている。以前、好奇心旺盛な先生は足腰が弱っているのに夢中で歩き回って、教室が終わった後に倒れてしまったことがあるらしい。本番は二時間半後。まずは試作だった。各テーブルのサポートをする役の人たちが一番前の先生のところに集まって、へえ、うわあ、など歓声を上げながら作業をしていた。わたしはエプロンこそしていたけれど、その日は家庭科室のような会場の中で「お玉はここの引き出しです」「台を拭くのは黄色ではなく水色のほうのタオルでお願いします」とお知らせし、記録写真を撮る役割だった。せっかくなら習いたかったたな、という気持ちを堪《こら》えながら、離れたところから下拵えを眺めていた。すると先生が「ねえあなた、お料理好き？　まだ本番じゃないんだからいいじゃない、一緒に作りましょうよ」と試作の輪に入れてくれた。

献立は、彩り麻婆なすと卵の中華スープ。各テーブルに配るバットに野菜や調味料を必要な分だけ量ってセットし終わった後、「さ、白髪ねぎ作りましょう」と先生は言った。長葱を五センチくらいに切り、繊維に沿って葱の芯に向かって包丁を入れて芯を取り除き、まな板に押しつけるように板状にして、千切りにする。そうして千切りにした白髪ねぎをちいさなボウルに放つ。細く切られた長葱が、ぱっと水に散って白くきれい。五分ほどすると葱はくるりと曲がりはじめる。先生はその葱をわしっと掴むと、さらしの上にとん、とのせて、両手に驚くほど力を込めて握った。ぎう。と音がするほど。わたしは「わっ」と思わず声を上げた。そんなに力いっぱい水切りするものなのか。先生は目を丸くするわたしの顔を見るとにっこりと笑い「ほれ」と言って、今度はさらに、ぎうぎう、とした。さらしはすっかり先生の手の中に収まっている。先生の手は大理石のように白くすべすべで、ところどころ青紫に血管が浮いて皺《しわ》があり、とても上品でかっ

こいい手だった。先生がようやく手を開くと、白髪ねぎはさらしの中で窮屈そうにぺったりとしている。すると先生は、

「空気をふわっと入れるのよ、ほら、くる、こない、くる、こない」

と花占いのように白髪ねぎを摘まんでほどき始めた。白髪ねぎは摘まんだそばからみるみる膨らんで、ふわふわになった。手品のようだった。「くる！」と最後のひとつまみをほぐして先生は笑った。白髪ねぎを自分の好きな量摘まんでいるだけで花びらのように決まった枚数ではないのだから、「くる」にするも「こない」にするも、完全に先生の匙加減だった。「くるってよ、よかったねえ」と先生は笑っている。なんと愛くるしくロマンチックなことだろう。しばらく見惚《みと》れていたわたしは勇気を出して言った。「あの、家でもやってみたいので写真を撮ってもいいですか？」若い人は何でも写真に撮って、と怒られてしまうかもしれないと思ったが、先生は「見て覚える、撮って覚える、いいことねエ、おべんきょおべんきょ」と、もう一度握ってほぐすふりをしてくれた。試作はうまくいき、本番はどうせ食べる時間もないだろうからとそれをみんなでわけあって軽い昼食にした。とろとろの麻婆なすと白髪ねぎの相性は抜群だった。

本番、恙《つつが》なく料理が完成した。参加者全員でいただきますと言い食べ始めると、先生は立ち上がって言った。

「おいしいでしょう。みなさん、食っていう字はね、『食べると人が良くなる』と覚えてね。たくさん食べて、たくさんいい人になりましょう」

わたしはすっかり胸を打たれて、撮影係であることも忘れてすぐにその言葉をメモした。わたしは「人という字は支え合って」とか「恋はしたごころで愛はまごころ」とか、漢字を分解してうまいことを言うなんていうのは大嫌いなのに、こんなにもすんなり胸に響くとは思わなかった。食べると人が良くなる。本当にそんな気がしてくる。

それからというもの、わたしは白髪ねぎを作るとき特別な気持ちになる。台所に立って夕飯のために白髪ねぎを作るときは、ぎう、としたあとに、ひとつ間を置いてほほ笑んでから、ぎうぎう、としている。そうして、「くる、こない、くる、こない」と唱えながら、葱を指先でやさしくほぐす。かならず最後は「くる」で終える。

スナップえんどう

スナップエンドウがスーパーに並んでいると、春だ！　とときめく。スナップエンドウが売られていることを確認してからは、買い物へ行って青果売り場を通るたびにスナップエンドウ！　春！　と思うのだけれど、なかなか買うところまでたどり着かない。スナップエンドウって、ちょっと高い。高級品とまではいかないけれど高い、それくらいのものが案外いちばん手が伸びにくい。それでもやっぱり旬の味は食べたいから、産直で新鮮そうでできるだけたっぷり入っていて、安い、とまでは言えないが、買えなくも、ない……！　というタイミングで、ぐごご、と声を出しながらスナップエンドウを買った。

袋から出してさやのいちばん端に、つぴ、と爪を立てて筋を取る。まあきれいに取れる。じゃがいもの皮を剥くとか、ごぼうのあく抜きをするとか、わたしは野菜に関わるそういった下拵えが本当に面倒で苦手なのだけれど、スナップエンドウの筋を取ることに関しては気持ちがよく、口笛を吹きながらできる。湯を沸かして塩を入れ、そこでさっと茹でる。ただでさえ美しい緑色が熱が入るとぱあっと明るい。菜箸で取って茹でたてをつまみ食いする。しゃく。甘い。人懐っこい青さがまたうまい。冷蔵庫からマヨネーズを取り出して、ちょっぴりつけて食べる。ああ、たまらない。こんなご馳走他にないんじゃないかと思ってしまうほどおいしい。いけないいけないと思いながら、茹でたてを三つも食べてしまった。貴重なスナップエンドウ、いつか茹でたてを山ほど食べてみたいものだ。茹でたスナップエンドウにマヨネーズをつけて食べるだけでも十分においしいのだけれど、きょうはカラフルミニトマトも買っていたので、春らしいサラダにする。産直にはときおり、きっとサラダが好きな人が考えたのだろうと思うようなベビーリーフの詰め合わせやミニトマトの詰め合わせが売られていて、それがとても安い。カラフルミニトマトの詰め合わせは全部で十二個ほど入って二百五十円だった。普通の赤色のミニトマトに加えてそれよりも少し濃く茶色にも見える品種、黄色、うすい黄緑、この四種類が入っていた。食卓の彩りになりますように、と思いながらバランスよくカラフルなミニトマトを梱包する人に思いを馳せてしまう。ありがたい、わたしの食生活は本当にいつも産直に助けられている。すべて半分に切って（ミニトマトはへたを半分に切るように、ではなくて、へたの半分とおしりの半分になるように切ると見栄えがいいような気がしている）、オリーブオイル、にんにく、塩、ほんの少しバルサミコ酢を入れて和える。緑、赤、黄色、ボウルの中で混ぜているだけでげんきが出そうな明るさだ。

夕食にスナップエンドウとミニトマトのサラダを並べると食卓がとても陽気になった。いただきます、真っ先にサラダに手を付ける。スナップエンドウの甘さと香りの強さに、にんにくと塩とバルサミコ酢がよく合う。ぱり、ぱり、と歯触りも心地いい。噛みしめるたびにスナップエンドウからじゅんわりとうまみが出る。

葉物のサラダもいいけれど、春にはやっぱりしゃきっとする野菜を食べたくなる。しっかり噛むと背筋が伸びる。さあこい、四季。

渡したいわたし

これから会う人に渡す手土産の入った紙袋を左手に持ち、すこし早く着いた駅をぼんやりと歩く時間が好きだ。ぴんと角の立った紙袋。その持ち手の紐がぎこちなく指に沈むとき、これから会うのだ、ようやく会うのだとどきどきする。はじめて会うときでも、久々に会うときでも、昨日会ったばかりでも。あなたに渡したいものを入れた紙袋を持って歩くとき（ようやく会う）と思ううれしさではちきれそうになる。

三十歳のわたしは盛岡に住みながら遠方に住む友人が多く、手土産合戦の手練《てだ》れである年上の友人も多い。さらに作家という職業になり仕事でも手土産を交換し合う機会が増え、既に手土産をずいぶんたくさん渡し、ずいぶんたくさん貰っている人生だと思う。これまでに、気に入られるため、許されるため、恋してもらうため、諦めてもらうため、さまざまな手土産の経験がある。その人に会うと決まって何か渡そうと考えるとき、本当は相手の状況や好みなんて気にせずに、わたしがいま渡したいと思ったから、というそれだけの理由で選びたい。けれど実際は、お互いに違う生活がある。そのあとの予定があったり、冷蔵庫の事情があったり、好みがあったりする。これは重いから迷惑かもしれないとワインの棚を通り過ぎ、これは冷蔵だもんなあとチーズケーキのショーケースを通り過ぎ、さすがに迷惑になるとわかりつつ鮮魚コーナーのすじこに後ろ髪を引かれ、そうしてようやくたどり着いた無難に気に入っている箱菓子の前で（しまった、前にも同じものをあげていたのではないか？）と頭を抱えそうになったりする。その一連が我ながらけなげで、堪らなくたのしくて仕方がない。

わたしの場合、結果として手土産において相手のことをあまり考えない。あなたが気に入ってくれるかどうかよりも、わたしがあなたと会える喜びが、きょう、どこに結実するかのほうに興味がある。だから、さまざまな迷惑を避けようとこれだけたくさん思いを巡らせたはずなのに、これから旅路が長い人に瓶のりんごジュースを渡してしまったり、ちいさな鞄で来た人に冷蔵の盛岡冷麺を持たせて「すぐに帰って！」と言ったり、「夏になったらウニを送りますから！」と約束してお饅頭ひとつだけを渡したりしてしまう。あなたが何を欲しいかよりも、いまあなたに会えるわたしが何を買いたかったかを大事にしてしまうのだ。だから、これだけ機会があってもちっとも自分が手土産上手になっている気がしない。しかし、この頃はそれでよいのだとどっかり座り直すような境地にいる。いま、あなたに会える喜びがこのクッキーになりました。お口に合おうが合うまいが、あとはわたしにはちっとも関係ありません。最後にはそんなやけにきっぱりとした気持ちで手渡す。そもそも、限りある忙しい人生の大事な時間を使うのだから、顔色を窺《うかが》ってどの手土産が最善かびくびく考えるような相手とは会わなくていい。わたしに会ってくれるのだから、なんだって受け取ってくれるはずだ。そういう大きな自信を持つことにした。何を渡しても喜んでくれとは言わないけれど、何を渡しても「まったくあなたらしいね」と思ってくれる人とばかり会い続けるべきなのだ。苦労して手土産上手になるよりも、できるだけわたしを手土産上手だと思わせてくれる人と会う約束をしたい。そちらのほうが案外難しい。

だから、紙袋を持ってあなたに会いに行くとき、いつもうれしい。いま、わたしがあなたと会いたくて、会える状況にあって、あなたもそうであるという事実がうれしい。何を持って行ったってあなたが笑ってくれるとわたしは知っている。会いたいという気持ちが、すんとした紙の匂いの中に律義に収まって、いま手渡されようとしている。

お花見弁当

桜の季節になるたびに、学生のとき、所属していた短歌サークルのお花見のためにものすごい量のお花見弁当を拵えたことを思い出す。お弁当を買ったら高いという話になったのか、とにかく自分の料理の腕前を披露したかったのか、どうしてそうなったのかすっかり忘れてしまったが、とにかくわたしは張り切って朝四時に起きた。五、六人分のお花見弁当は考えるだけでもうきうきした。蒸し海老ととびっこと小葱、鯛とブロッコリースプラウト、刻んだ野沢菜漬け、稲荷に紅しょうが、サーモンとレモン、まぐろと紫蘇とごま。六種類の手毬《てまり》寿司をぜんぶで六十個作って、いや、しかし若い男も多いからもっと米があったほうがよかろう、と、酢飯ににんじんのきんぴらと七味を混ぜ込み、れんこんのきんぴらを貼り付けたおにぎりも十二個作った。それから、卵を八つ使って厚焼き卵を作り、二袋のソーセージをたこさんウインナーにして、ナゲットも焼いた。甘いものも食べたくなるだろうからとすくって食べる大きなティラミスをふたつ作った。それらすべてを百円均一の捨てられる容器に詰めて、大量の保冷剤と共にまちの広い紙袋に入れると笑ってしまうほど重たくなった。

集合場所へ行くと既に数名が桜のふもとのブルーシートの上でほろ酔いになっていて、

わたしの重たそうな荷物を見てぎょっとした。作りすぎちゃったかもしれません、と言いながらそれらを広げると、「業者じゃん」「仕出し屋?」と言われて笑ってしまった。各々つまみや和菓子やポテトチップスを買ってきたので、わたしたちのブルーシートは食べ物で溢れかえり、人間は仕方なくその端に小さく座った。みなおいしそうに食べてくれたけれど、自分で作った手毬寿司を食べてみると、いささかご飯がべちゃついていて、おまけに味も薄いのだった。わあ、ごめんなさい、と思っていても、みんなおいしいおいしいと食べてくれて、わたしは満足だった。

いま思うと、あんなにがんばって作っていく必要はなかった。けれど、そのときのわたしはどうしてもお弁当を作りたかったのだ。短歌サークルは大学生のわたしにとってようやくたどり着いた息のしやすい居場所のようなところだった。わたしは昔から、人を好きになると自分の作ったご飯を一緒に食べてほしいと思うところがある。恋をするたびに、仲のいい友人ができるたびに、自宅に呼んで食事を振舞った。招かれたほうからしたら「おいしい」と言うほかなく、スーパーのお惣菜やチェーン店でテイクアウトしたほうがよっぽど食べやすくおいしかったと思うのだけれど、みなすごいねと目を細めて平らげてくれた。食事を作ることでしか好意をうまく伝えられなかったわたしは、作ることよりも食べてくれることのほうが愛だったとちゃんとわかっていただろうか。しかし、その頃のわたしを「重かった」とは言いたくない。わたしは重かったのではなく、ひたむきだった。わたしは一生懸命に、好意を六十個の手毬寿司にしたのだ。

あらかた食べきって酔いも回ったあたりで「あっ！」と先輩が紙コップを見せてきた。ロゼワインに桜の花びらが入ったのだというその水面はできすぎなくらい美しくて、代わりばんこに覗き込んでみんなで笑った。

おわりに

冬の蛇口からぬるま湯を出して皿を一通り洗い、ほんのりと温まった手をタオルで拭いてから、このあとがきを書いている。ほやほやの両手。生きているから温かく、生きているからわたしは書き、作り、食べる。生きているからどうのこうの、なんて言葉でいい気になってまろやかに誤魔化さないでよ、と思ってばかりいるわたしだけれど、やはり湯気の前に立つと、ああ、生きていると思う。これまでよりもずっと自分の暮らしに(いいじゃん)(こんなもんじゃん)と思えるやわらかい夜が増えた。三十歳になって厨に立つと、十代のわたしも二十代のわたしも横に並んでいるような気がする。きょうはそういう夕方。

初出リスト

湯気を食べる――『オレンジページ』2024年11／2号
ディル？――書き下ろし
それはまかない――『オレンジページ』2024年7／2号
南国の王様――『オレンジページ』2024年8／2号
愛妻サンド――書き下ろし
アイスよわたしを追いかけて――書き下ろし
福岡のうどん――『オレンジページ』2024年9／2号
鍋つゆ・ポテトチップス――書き下ろし
棚に檸檬――書き下ろし
白いさすまた――書き下ろし
すいかのサラダ――書き下ろし

くわず女房――『オレンジページ』2024年10／2号
ぶんぶん――書き下ろし
庭サラダバー――書き下ろし
手作りマヨネーズ――『オレンジページ』2024年12／2号
おどろきの南蛮漬け――書き下ろし
かに玉ごはん――書き下ろし
いい海苔――書き下ろし
すだち――書き下ろし
寿司はファストフード――書き下ろし
シェーキーズってすばらしい――書き下ろし
ピザは円グラフ――書き下ろし

醤油はいずれなくなる――書き下ろし
萩の月――河北新報「ごきげんポケット」2023年8／27
ほや――河北新報「ごきげんポケット」2023年2／25
菊のおひたしと天ぷら――河北新報「ごきげんポケット」2023年11／5
せり鍋――河北新報「ごきげんポケット」2024年1／28
わかめ――河北新報「ごきげんポケット」2024年2／4
うーめん――河北新報「ごきげんポケット」2024年2／11
笹かまぼこ――河北新報「ごきげんポケット」2023年12／24
お米は貰うもの――河北新報「ごきげんポケット」2024年3／24
きりたんぽ――河北新報「ごきげんポケット」2023年12／10
たらきく――河北新報「ごきげんポケット」2023年12／17
風を飲む――書き下ろし
自炊は調律――書き下ろし
たまご丼――『オレンジページ』2025年1／2号

パン蒸し――『オレンジページ』2025年2／2号
好きな食べもの――書き下ろし
献立は大行列――書き下ろし
つくりおけぬ――書き下ろし
ねぎとろ――Q'SAI『WELMAG』
ナッツと言いたかった――書き下ろし
柿ピーの短刀――書き下ろし
自炊の緑白黒赤――書き下ろし
くる――暮しの手帖社『別冊 暮しの手帖 台所と暮らし』
スナップえんどう――書き下ろし
渡したいわたし――マガジンハウス『anan』2423号 2024年11／20発売
お花見弁当――書き下ろし

★エッセイに登場する商品や店舗の情報は2025年1月現在のものです。店舗の所在地や商品の取り扱い状況などは変更になる場合があります。

くどうれいん

作家。1994年生まれ。岩手県盛岡市出身・在住。著書にエッセイ『わたしを空腹にしないほうがいい』(BOOKNERD)、『コーヒーにミルクを入れるような愛』(講談社)、『うたうおばけ』(講談社文庫)、『桃を煮るひと』(ミシマ社)など。中編小説『氷柱の声』で第165回芥川賞候補に。

デザイン　白い立体
挿画　伊藤ゲン
校正　みね工房

湯気《ゆげ》を食《た》べる

著　者　くどうれいん
発行日　2025年3月18日　第1刷発行
　　　　2025年6月17日　第5刷発行
発行人　堀内茂人
発行所　株式会社オレンジページ
〒108-8357
東京都港区三田1-4-28　三田国際ビル
☎03-3456-6672（ご意見ダイヤル）
☎048-812-8755（書店専用ダイヤル）
印刷・製本　中央精版印刷株式会社
Printed in Japan

ISBN978-4-86593-703-9